一生ゆとりが生まれる

時短の魔法

家事時間が
1/3になる

時短アドバイザー
佐藤智実

マーキュリー出版

はじめに

本書を手にとっていただきありがとうございます。

この本は、**「時短の魔法で、家事が1日1時間で終えられて、人生にゆとりが生まれる方法」**を書いた本です。

実は、家事時間は、今までの1／3に劇的に減らすことができます。

そう、この本を読んだら、時短の魔法をかけられるようになります。


時短しようと思うと、まず浮かぶのは「時短レシピ」や「時短家電」を利用することではないでしょうか？でも実は、それだけでは解決できないのです。

そう、もっと大切なコトがあるのです。

このやり方なら、何倍も効果的に、ラクにゆとりを増やせます。

しかも、ズボラさんにピッタリ！がんばり続ける必要がありません。

その方法とはズバリ、**「時短の魔法」をかけることです。**

この時短の魔法をかけられるようになると「あなたを疲れさせる3つのムダ」が消えて、ゆとり貯金がどんどん貯まる暮らしに、劇的に変わるのです！

とてもシンプルなのに、まるで本当に魔法にかかったように、驚くほど家事がスイスイはかどります。

さらに、家族が自然に協力してくれるようになり、ビックリするでしょう！


私は時短アドバイザーの佐藤智実と申します。

お料理が苦手な人でも「15分で夕飯完成」ができるサポートをしています。

お客様たちからは親しみを込めて、ともみん先生と呼ばれています。


今でこそ、のべ２０００名以上のママたちのお悩みをお聞きして、おいしいごはんをパッと作れるお手伝いをさせていただいていますが、実は私も10年以上前は、時間に追われ、イライラと不安に押しつぶされていました。

当時、食品メーカーに勤めていたのですが、

「今、育休中でもこんなに大変なのに、仕事復帰したら家事どうするの？」

「２人目も欲しいけど、仕事と両立できる気がしない。」

と、復職までの地獄のカウントダウンをしながら、憂鬱になっていました。

さらに大変だったのは、復職してからの日々でした。

翌日の夕飯のために、ヘトヘトのカラダにムチ打って、寝る前に下ごしらえをしていました。

「あれ？私、今息してた？」息を止めて、必死に時間と闘っている自分に気づいて、慌てて息を吸い込みながら、包丁を動かす。

一日の疲れでカラダがボロボロの時間帯に、毎日同じことを繰り返していました。


「明日が来るのが怖い…」

「こんなにがんばっているのに、どうして少しも楽になれないの？」

「まさか、何十年も、こんな暮らしを続けるしかないの？ウソだよね？」


そんな恐ろしい現実から目を背けながら、必死に家事をこなしていた、暗黒のワーママ時代でした。

でも10年以上たった今、**時間に追われない幸せな人生**を送ることができています。

すべての家事が、1日1時間で終わるようになりました。

驚くことに、全然がんばっていないのに、料理も、掃除も、洗濯も、片づけも、すぐに終わるのです。

これほど大きく人生が変わった理由は、「時短の魔法」の存在に気づけたからでした。

何とか時短したくて、10年以上試行錯誤してきたのですが、良かれと思って必死にやっていたことが、「実は逆効果だった！」と気づいたのです！

これは、ものすごい衝撃でした。

一見便利そうな、レシピやグッズだけで時短するのは、ムリだったんだ！と。

そして、**「時短の魔法」をかけるだけで、こんなにラクにゆとりを増やせるのか！**とハッとしました。

一人でも多くの方に、この感動を知って欲しい！

間違ったやり方で、ずっと苦しんで欲しくない。早くラクになって欲しい！

そう願って、この本を書きました。

「いつも家事や時間に追われて、苦しい。」「がんばってもがんばっても、なんで楽になれないの？」と不安を抱えていませんか？

インスタの情報を見ても、レシピ検索をしても、時短家電を試してみても、何だか空回りしているようで、ちっとも楽になれない。

あなたはそんなもどかしさを感じていませんか？

本書では、このようなことをつかんでいただけます。

●「時短の魔法」とは何なのか？
●どうすれば、一生ゆとりが生まれるのか？
●人生が、どれほど劇的に変わるのか？
●今日からすぐにできる方法とは？

ぜひ「自分が魔法をかけたら、暮らしがどう変わるかな？」とワクワク想像しながら、読み進めていただきたいと思います。

そして、ページをめくるごとに、心の重荷がスーッとなくなり、頭もスッキリして、やりたいことがすべて叶う、幸せな人生をイメージしていただければ嬉しいです。

このような趣旨の本なので、レシピなどの「点の情報」は、あえて入れませんでした。

レシピ本より、何百倍も時短できる、一番大切な秘訣をつかんでいただけると思います。


この本で、こんな未来が手に入ります。
□なぜ、家事に時間がかかっていたのか分かる
□料理の苦手意識が減り、献立が浮かびやすくなる
□掃除・片づけがラクになる
□家事が早くおわり、心のゆとりが増える
□家族にいつも笑顔で優しくなれる

□リフレッシュ・勉強・趣味の時間が持てる
□ムダな出費が減り、お金が増える
□家族が、自然と家事に参加してくれる
□仕事・家事・育児の両立に自信がつく
□家がいつもスッキリ、心地良くなる

あなたのイライラが消えて、心のゆとりが増えて、毎日を笑顔で過ごせるようになります。もう、「時間がナイからできない」と、やりたいことを諦める必要がなくなります。あなたの理想の人生が、どんどん叶っていきます。

今日から「やみくもに時間と闘う」ことから、一緒に卒業しましょう！

いつも家族のためにがんばるステキなあなたが、やりたいコトをすべて、自由に叶えられますように。

心からの愛とエールを込めて。

平成6年9月　　時短アドバイザー　佐藤智実

一生ゆとりが生まれる

時短の魔法

家事時間が$\frac{1}{3}$になる

時短アドバイザー
佐藤智実

目次

マーキュリー出版

第１章　「時短の魔法」で願いがすべて叶う

第２章　なぜ「時短の魔法」でやりたいことが全て叶うのか？

第3章　キッチンの「時短の魔法」が人生を変える理由

第４章　時短アドバイザーの究極のルーティーン

第5章「時短の魔法」であなたが主役の人生へ

第1章

「時短の魔法」で願いがすべて叶う

家出をした、時短アドバイザーの過去

キッチンでカラダが動かなくなった日

10年前のある夕方。キッチンで夕飯を作っていた私は、突然、カラダがまったく動かなくなりました。涙がとめどなく溢れてきました。

「あぁ、もうダメ、私、がんばれない…」

心の堤防が壊れた瞬間でした。

当時、次女が生後10か月で、離乳食に追われ、3歳の長女はおもちゃを散らかし放題の真っ盛り。

主人は、少しの家事は手伝ってくれていましたが、1時間もまとめて寝られない中、睡眠不足と家事の疲れで、私の心とカラダをむしばんでいた、人生で体調が最悪の時期でした。

キッチンでフリーズして動けなくなったあと、リビングでテレビを見ながらくつろぐ家族3人に何も告げず、黙って外へ飛び出しました。

河原を泣きながら歩く、プチ家出となりました。

何とか家に戻った私は、ソファに座る主人の前に立ちました。

「私はあなたに怒ってるの！」からはじまり、手伝ってくれていることは感謝しているけど、自分が限界を超えていること、そして「もっと自分で考えて動いて！」というメッセージを、泣きじゃくりながら訴えました。

その場で主人は「気づかなくてごめんね」と言いました。

後日、落ち着いてから「でも、言ってくれないと分からないよ」と言われ、私はまず、自分が変わらなければいけなかったんだ！と猛反省したのです。

今でも、当時赤ちゃんだった次女以外、全員の記憶に痛烈に残る、我が家の大事件でした。
主人は昔からとても優しくて、家族想いの人です。この当時も、協力してくれなかったのではなく、「私に」問題があったのです。

「時短の魔法」を使いこなせる前の私は、ムダだらけでした。

家の中は、すぐ乱れるくらいモノが多く、目の前のタスクで頭の中も常に混乱し、パンパンになっていました。
当然、家族に何をしてもらえば、自分がムリなくできるか、正確に判断できていませんでした。
家族に家事を協力してもらうために丁寧にやり方を教える、という発想もまるでなかったのです。

「旦那さんも家事をやっていないわけじゃないし、お姉ちゃんもお手伝いしてくれていないわけじゃない。このくらいの家事、世の中のママはみんなできてる。私だってやればできるんだ。がんばらねば・・・」

今振り返れば、当時は謎すぎる、ムダな脅迫感とムダながんばりを抱え込んでいたのです。

カラダがフリーズするほど追い込まれた経験はとても辛かったですし、もう二度と経験したくありません。

ただ、この家出事件のおかげで、我が家は一体感のある家族へと変わっていきました。

「時短の魔法」が運んでくれた幸せ

これ以来、私は家事を一人で抱え込むことを辞めて、「コレ手伝って欲しい」と即座に言葉で伝えられるようになりました。

主人は「自分で考えて動く」を、期待以上のレベルでやってくれるようになりました。

そして、子どもたちにも、同じように動けるようになって欲しい、というゴールを定めて、小学1年生の時からコツコツとお手伝いをしてもらうようにして、今ではかなりの家事をやってくれるようになりました。

こんな話をすると「それは、ともみん先生のご家族だから、上手くいっただけでしょ」と言われそうですが、実は秘訣があるのです。

それこそがまさに、「時短の魔法」なのです。

まず、私自身の家事のムダがなくなり、一人ですべての家事をこなしても、大して時間がかからないようになりました。

毎日おいしい夕飯を15分で作れるようになり、がんばらなくても家事がスイスイ進むようになりました。

「時短の魔法」は、家族にも嬉しい副産物を運んでくれたのです。

家中の**ムダなモノ**がなくなったら、家族みんなが「どこに何がある」が、一目でわかるようになりました。

ムダな行動がなく、自分が整っているので、「家族にいつ・何をして欲しいのか」も明確に伝えることができ、家族も動きやすくなりました。

さらに、**ムダな思考**がなくなったことで、「家族に、丁寧に家事を教える心の余裕」も生まれました。

ムダだらけで、モノも行動も思考も散らかった状態のままだった私が、今のスッキリした暮らしを見たら、信じられないことでしょう。

時短の魔法のおかげで、10年前には想像もできなかった、ゆとりがある幸せな暮らしが叶ったのです。

1日1時間で家事は終わる

現在の私は、1日の家事を、たった1時間で終えることができています。

朝起きてから、寝るまでの家事、掃除・洗濯・料理や片付けを全部合わせて1時間です。

「え？どういうこと？夕飯を作るだけで私は1時間かかるんですけど・・」という声が聞こえてきそうです。

時短アドバイザーの私のメイン活動は「15分で夕飯が作れる」サポートです。

時間がある時に15分〜30分の簡単な「まとめ下ごしらえ」をしておくだけで、出来立てのおいしい手作りの夕飯を、家族と一緒に囲める。

そんなご家庭を増やす仕事をしています。

一般的に、ごはんづくりは、家事の中でも約半分の時間を費やすものだと言われています。

1日3時間家事をしている人なら、朝・昼・夕のごはん作りだけで1時間半〜2時間かかる、という方も多いのではないでしょうか？

この、**家事の中でも一番時間を費やす「夕飯づくり」に時短の魔法をかけると、毎日夕方キッチンに立つ時間が、1時間カットできるようになるのです。**

それだけでなく、週末に2時間もかけて「作りおき」をする必要もないので、1週間トータルで4時間ほど、時間が生まれるのです。

さらに、「時短の魔法」のおかげで、家族も家事に参加しやすくなります。

はじめは何もできなかった、主人や子どもたちも、今では我が家に欠かせない戦力になってくれています。

その積み重ねが、今の私の暮らしを支えてくれているおかげで、1日1時間だけの家事で、快適な暮らしを維持できるようになっています。

日本の仕事をする女性の「一日の平均家事時間」は約3時間と言われています。

元々、家事が得意だったわけでも、好きだったわけでもない私は、かつては平均値と同じく、1日の家事に3時間ほどかかっていました。

平均の家事時間／過去の私↓3時間
今の私↓1時間

たった1／3の時間で、すべての家事ができるようになったのです。

改めて今の家事時間をカウントしてみた時、さすがに自分でもビックリしました。

それと同時に「あー、なるほど。だからこんなにラクになったのか。」と、数字で比較して、納得もできました。

私は本当にズボラで、ムダに疲れるのがキライです。

そんな私でさえ、疲れを感じないレベルまで、ラクに家事ができるようになったことが、素直に嬉しいなと感じていますし、これは多くの皆さんに知っていただきたいと思ったのです。

これは、私だけに限った魔法ではありません。

「時短の魔法」をかければ、あなたも同じように、家事時間をグッと減らすことができるのです。

時短の魔法ビフォー／アフター

これから、あなたが叶えたい未来をさらにワクワク描けるように、実際に時短の魔法に成功した方々のビフォー／アフターのエピソードをご紹介します。

「本当に、こんなにゆとりのある人生を叶えている人がいる！」と分かると勇気が出ますし、イメージが湧きやすくなり、時短の魔法を早くかけたくてウズウズしてくると思います。

一例ではありますが、あなたの近い未来の姿、のぞいてみてくださいね。

時短の魔法で「キャリアアップ」

「献立が全然浮かばなくて、ごはんづくりも時間がかかりすぎて、このまま復職したら、ヤバいです・・今のままだと、大好きな仕事を続けられる自信がないです」

育休復帰目前のタイミングで駆け込んでくださったAさん。

小さいお子さん2人を育てながら、フルタイムのお仕事に復帰するところでした。

しかし、料理が苦手で、何を作ったらいいかわからない。

お片づけも苦手、料理をサッと作れないキッチン。

小さな子どもに「待ってね」と言ってばかり、ごはんづくりに1時間もかかる・・・と自己嫌悪に陥っていたそうです。

「でも、惣菜には頼りたくない！」という想いで、お仕事をしながらも、時短の魔法をかけました。

復職して1年が過ぎ、お会いした時にこんな話をしてくれました。

「実は、仕事と家庭を両立している姿が認められて、会社で私の成功の秘訣を話して欲しいと言われて、今度お話することになったんです！しかも、仕事も認められて、さらに難しい仕事も任せてもらえることになったんです！」

誇らしそうな、キュートな笑顔で報告してくれました。

Aさんは今、どんなに忙しい日でも、惣菜に頼ろうと思うことはないそうです。自分で15分でおいしいお料理が作れるようになり、レパートリーも広がったから困っていません、とのことでした。

さらに、「今夜、何作ろう・・って考えなくても献立が浮かぶようになったので、料理の負担を感じないんです。さらにまだ余力があるので、起業できるように勉強もスタートしました」と続けてくださいました。

世の中には、食事作りをサポートしてくれる便利なサービスは山ほどあるので、もちろんそれを活用するのはひとつの選択です。

それがベストという人もたくさんいることでしょう。

また、家事をするくらいなら、その分、仕事に1分でも多く時間をかけたい、という人もいますよね。

ただ、私はこのAさんの姿を見て、仕事をバリバリやりながら、手作り料理も諦めない選択はできる！と頼もしく嬉しく感じました。

暗黒のワーママ時代の私は、会社から褒められるほど上手く両立できていなかった後悔があるので、お客様がそれを叶えてくれたことで、過去の自分も救われたような気持ちにもなりました。

どんな生き方もできる、自由な時代だからこそ、「自分の本音を諦めない」。

時短の魔法をかけることで、そういう生き方をできる女性が、一人でも増えてくれたらいいなと願っています。

時短の魔法で「お金が増える」

「今なら、フルタイムで、やりたいことが出来そうです！やっとそこまで自信がつきました。」そうおっしゃったBさん。

実は出会った頃は、いつも不安そうで、子育てだけでもヒーヒー焦っていらっしゃいました。

料理に時間がかかるし、何を作ったらいいか分からない。苦手なお料理を上達させて、カワイイ息子たちにパクパク食べて欲しい！との想いで、受講されました。

そして、モノに溢れていたキッチンがスッキリして、サッと動きやすく整い、リビングまで見渡せる、美しい景色に変わりました。

ラクチンで効率的な「まとめ下ごしらえ」から、献立が浮かぶようになりました。

1週間のご飯づくりに困らなくなった時、Bさんがおっしゃったのが、はじめのセリフでした。

週3日のパートだけでも、家庭と両立できるかな?と不安いっぱいだったBさんでしたが、明らかに表情が変わっていました。

やりたい仕事に変われば、職場への往復時間も長くなるし、勤務もフルタイムになる。

家にいる時にも、仕事の対応が必要になる。

子どもたちはまだ小さいから、もちろんお世話もしなければいけない。

子どもを大切にされる優しいママさんなので、子どもは絶対に犠牲にしたくない、と考えていました。

それでも、**「今の私ならできる!ずっと憧れていた仕事を諦めないで、やってみたい!」**と思って、行動に移されました。

このように時短の魔法をかけると、「働く時間のリミッター」を外すことができます。

お客様の中には「時短とフルタイムで迷っていたけど、今の自分なら、フルタイムでもチャレンジできます」とおっしゃる方は、とても多いです。


これは、やりたい仕事を思いきりできるだけではありません。

「お金が増える」ことと直結します。


お金って、大事ですよね。

お金を自由に使えるようになれば、リッチな家族旅行にもいけますし、子どもの教育の選択肢も広がります。

日々、「何買う?」「何食べる?」と選択するときも、「値段が高いから諦める」ではなく「欲しいからコレにする」と、値段に制限されずに、一番心が満足する選択できますよね。

大切な人への贈り物も、金額を気にせずにプレゼントできる、心の豊かさも手に入ります。

私自身、個人で仕事をしているので、自分でいくらでも時間配分をコントロールできます。

その分、もしいつも時間に追われていたら、質の良い仕事をすることができず、収入も増やせなかったと思います。

「時間の自由＝お金の自由」は直結しているのです。

私のコーチングの師匠でもあり、尊敬するワタナベ薫さんの著書「なぜかお金を引き寄せる女性　39のルール」でも

「片づけは、私たちがムダな動きをせず、時間の無駄も省き、健康になるのに役立つだけでなく、キレイを習慣化するだけで、『管理能力』が身につきます。この管理能力はお金にもとても関係があるのです」

「ものを減らせばお金は不思議と入ってくる」

とおっしゃっていますが、まさにその通りだと実感します。

お金を増やしたいなら、まずは時間から自由になりましょう。

そのためには、時短の魔法をかけましょう。「モノのムダ」を魔法で消して、環境を整えることが近道なのです。

このあと詳しく紹介しますが、「モノのムダ」を魔法で消して、環境を整えることが、近道になりますよ。

時短の魔法で「健康になる」

子どもが健康になれた、意外な理由

「うちの小学生の息子が、野菜がキライで、いつも口内炎が治らないんです」と悩んでいたCさん。

よくよくお話を聞いていくと、お片づけと掃除が苦手でキッチンに立つ気力が湧かないと言います。また、1時間もかけてせっかく作ったお料理も、子どもがほとんど食べてくれないから、精神的にしんどいということでした。

がんばって作っても、子どもは喜んで食べてくれないし、キッチンに立つのは苦痛だし、料理がツライ・・と悩んでいらっしゃいました。

でも、たった数ヶ月後に「息子の口内炎が治ったんです！」と、満面の笑顔でご報

告してくださいました。

Cさんが一番がんばったコトは、実は、口内炎とは一見関係なさそうな「お片づけ」でした。

最終的に、キッチンのモノの量が5割減り、これまで右往左往してお料理していたのが、サクサクっと動けるキッチンになったことで、お料理の時間が劇減しました。

お片づけをやりきったことで一番嬉しかったのは、掃除までラクになり、ヌメヌメのシンクを見なくて済むようになったことなんだとか。

とても嬉しそうに、何度も何度も話してくださいました。

明らかに別人のキッチンになり、何より、Cさんの笑顔が別人のように輝くようになりました。

身軽に動けるようになったCさんは、あっという間に「まとめ下ごしらえ」もマスターできました。

これなら食感がしっとりして、偏食のお子さんでも食べやすかったようです。

自分に余裕ができたので、お子さんが野菜を食べやすく、一工夫できるようにもなりました。

色々な食材やおかずを食べられるようになってきたことで、息子さんの栄養バランスが整い、慢性化していた口内炎が解決したのです。

好き嫌いを解決する方法

お子さんの好き嫌い問題は、ママがごはんを作れない、とても大きな問題です。

「献立が浮かびません」が、ママのごはんづくりのお悩みナンバー1ですが、食べてくれないことには、作る気力が起こらない・・・。

この壁で立ち止まってしまうと、一歩も先に進めなくて、苦しいですよね。

好き嫌いは、色々な解決策がありますが、何より大切なのは**「ママ自身にゆとりが**

あること」だと痛感しています。

このCさんの例でわかる通り、短時間で料理ができるから、作る気になれます。まとめ下ごしらえをして、夕方に余裕があって、パパっとラクに作れるので、もし子どもにごはんを残されても、ズーンと落ち込まずに済みます。沢山のお客様たちが、お子さんの好き嫌いを克服されていますが、レシピの力だけで解決するのは難しいのです。

もちろん、ママがお料理の基礎を知ることで、正しい素材選びができたり、お肉を柔らかく調理できるようになったりすることで、お肉や野菜嫌いをあっさり克服できるご家庭も多いです。

体感として、**お料理レベルが上がるだけで、7割ほどの好き嫌いが克服できています。**たぶん本当は、その食材がキライなのではなく、お子さんにとって「食べやすい調理」ができていなかっただけなのでしょう。

また、お子さんにヒットすれば、下ごしらえ野菜の簡単アレンジだけで、一発で食べてくれることは多いです。

しっとりした食感になることで、おいしく食べやすく感じるのだと思います。

お料理レベルを上げたり、調理の幅が広がったりすることで、子どもが食べやすくできることは、とても重要です。

それでも、好き嫌いを100パーセント解決できるわけではありません。

ママの心が軽くなる効能

どんなにお子さんが食べやすいおいしいレシピでも、何度も食卓に出し続けることで、お子さんが見慣れたり、食べ慣れたりすることでしか、解決しないこともあります。

特に小学生以上の大きなお子さんの場合、「食べなかった時間」が長いので、その食材と仲良くなるまでの時間もかかります。

誰でも、「1回だけのチャレンジ」なら、結構がんばれるのです。
でも、忙しい中で、心折れながらも「食べるまで作り続ける」「出し続ける」って、すごくしんどいですよね。

少し補足すると、15分で3〜4品作れるようになれば、子どもが1〜2品食べなくても、何かしら食べるものはあるので、親としても栄養面で不安を感じる必要がなくなります。
そうすると、子どもの好き嫌い自体、「まぁ、そのうち解決するよね〜」と、ほとんどのママが問題に感じなくなっています。

実は、我が家の次女はナスときのこが苦手です。
でも、他の料理はよく食べるので気にしていませんし、ごはんづくりに困っていません。私が作りたいモノを自由に作っていますし、娘も風邪もひかず、元気過ぎるくらいです。

時短の魔法をかけることで、**「ラクに作り続ける」ことが**できる。

沢山のお子さんが好き嫌い克服した姿を見ていると、結局は「ママにゆとりがある」ことが、成功の一番の秘訣と感じています。

お子さんの偏食で、健康が心配というあなた。

真正面から闘うのではなく、まずは一生ラクできる「時短の魔法」を、一緒にかけてみませんか？

時短の魔法で「夫婦円満になる」

「夫が、ともみん先生のレシピで、お料理してくれるようになったんです！」

Dさんが幸せそうに言ってくださったのは、育休復帰前のことでした。

「ごはん作りがマンネリしていて、作れるメニューがパッと浮かばないし、人に自信をもって出せるメニューもないです。このまま復職したら、絶対手作りは続けられないから、育休中に何とかしなきゃと焦っています・・・。」

復職まであと1年、というタイミングで出逢ったEさん。

時短の魔法をスムーズにかけられて、1時間かかって作っていた夕飯作りも15分になって、料理の腕もメキメキアップ！

親戚にも、お店顔負けのおいしそうなお料理を自信満々で振舞えるようになり、趣味のパンづくりを復活できるゆとりまでできました。

その頃になると、旦那様が「ごはんがすごく美味しいね！ありがとう！」と言ってくれるようになり、ご自身もキッチンに立ってくれるように変わってきたそうです。

元々「家事に協力するよ」というスタンスの素敵な旦那様でしたが、時短の魔法をかける前は「お互いに、なんとなく察してやらなきゃいけなかったり、遠慮して言えなくて、モヤっとすることがあります」と言っていたDさん。

せっかく協力的な旦那様なのに、旦那様を巻き込んでスムーズに動けないもどかしさが、まさに「昔の私とよく似ているな」と、歯がゆく感じていました。

しかし、キッチンの動線がスッキリ整って、冷蔵庫の中身を誰でも把握できようになったことで、夫婦二人で料理を、阿吽（あうん）の呼吸で分担するできるようになったのです。

これまでにキッチン環境が整うことで、**旦那様が勝手に動き出してくれた**というご家庭をたくさん見てきました。

「今までは、夜中に食べた料理のお皿が、朝までテーブルに出しっぱなしで、イラっとしてたんです。でも、この前初めて、主人が洗ってくれていたんです！ビックリしました！」

このように、家族が自然と洗い物をしてくれるようになる例は、とても多いです。

きっと、モノが多いキッチンだと、旦那様もどうやって動いたらいいかわからず、戸惑ってしまうのだと思うのです。

でも、誰が見ても「こう動けば間違いない」と感じるスッキリしたキッチンになることで、「手を洗うついでに、洗っちゃおう」「やり方が違う！って怒られなそうだから、やっておくか」と、安心して動けるようになる。

きっと旦那様たちの中で、このような変化が起こっているのだと思うのです。

また、Dさんのお宅のように、旦那様がお料理までしてくれるようになる例も、年々増えています。

最近サポートさせていただいたワーママさんは、週末の「まとめ下ごしらえ」だけは自分がやって、平日のごはんづくりはすべて旦那様がやる、というスタイルです。

家庭内の家事の量・ストレスが多い状態で分担しても、押し付け合いになるし、家族で出かける時間は増やせませんよね。

けれど、そもそも、家庭内の家事の負担を1／3、1／4に減らしておけば、ママ一人でやってもラクですし、誰でも気軽にできるから、家族みんながハッピーになれるわけです。

時短の魔法は、夫婦円満を20年、30年、40年先まで支えてくれる、幸せな家族の土台となってくれますよ。

愛し合う夫婦で、イライラしながら、家事を押し付け合う必要は、もうありません。

時短の魔法をかけて、あなたも、旦那様も、お子さんたちも、みんな揃って、ゆとりを手に入れてくださいね。

時短の魔法で「家族の笑顔が増える」

15分で夕飯が作れるようになったEさんが

「育休中に時短を学んで、本当に良かったです。フルタイムで仕事して毎日大変だけど、理想が叶っています！」もう、幸せいっぱいの笑顔で言ってくださいました。

「すごく幸せそうで、私もとっても嬉しいです！今、何が一番幸せですか？」と聞いたところ、少し考えて、こうおっしゃいました。

「子どもが、毎日『ママのごはんおいしいね！』って喜んで食べてくれるんです。以前は、1時間かけて一生懸命作っても『味がしない』って、あまり食べてくれなかったので・・・。美味しいレシピを身につけられたことはもちろんですけど、仕事をしながら料理を続けたいって思えるくらい、お片づけや下ごしらえをがんばって、時短の土台を整えて、本当に良かったです。

この前は『家に帰ったら、すぐにアレが食べられる！』って思って、家に帰るのが楽しみでした。子どもも喜んでくれるし、笑顔が嬉しすぎて。もう、時短を知らなかった時には、戻れません！」

これを聞いて、私も幸せ過ぎて、胸がギューっとなりました。

「家族の笑顔を叶えたい！」「子どもに美味しいって喜んでほしい」

私は、こんなママの想いを叶えて欲しくて、この仕事をしているし、スタートした原点もココだったな、と、自分の核を再確認する、ありがたい言葉をいただきました。

「時短は、あくまでも手段だよ」といつもお伝えしています。

サッとお料理が作れるようになれば、忙しい日も子どもの「おいしいね」の笑顔が見られる。

週末、家事に時間を盗られなければ、家族でたっぷり遊びに行けて、幸せな想い出を増やせる。

自分にゆとりがあれば、「ねーママ、聞いて！」に、瞳を見て、抱きしめて応えてあげられる。

時間さえあれば。

あなたがガムシャラに頑張ってムリをしなくても、家族みんなの笑顔を叶えることができますよね。


我が家の中学生の長女は、塾と部活で忙しくなり、小学生の次女は毎週末、朝から晩までバスケ生活。

母になって、たった14年。予想より何年も早く家族４人の時間があっけなく無くなりました。

子どもとの時間は限られているとわかっていたけれど、それでも、あっという間過ぎて、驚きました。


子どもと、家族と、自分の、「今」

目の前の、その大切な瞬間に、後悔のない向き合い方をし続けていけたら、こんなに幸せな生き方はありませんね。

「時短の魔法」を知らなかった頃の私は、必死に時間と闘って、孤独だったけれど、今だからわかります。

ママが自分を犠牲にしなくても、家族みんなの笑顔を叶える方法があるんだよ、と。

第2章

なぜ「時短の魔法」で
やりたいことが
すべて叶うのか？

「時短の魔法」とは、一体何なのか？

さて、家事の時間が１／３になる「時短の魔法」とは、一体何なのでしょうか？

それはズバリ、**あなたを疲れさせる「3つのムダ」を消すことです。**

たったコレだけで、魔法のようにゆとりが生まれるのです。

「時短の魔法」で減らす３つのムダ

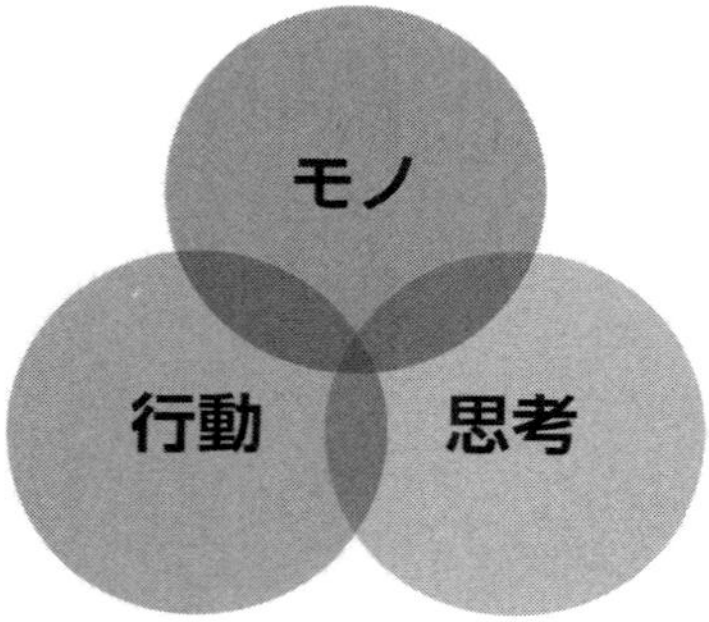

3つのムダとは、「モノ」「行動」「思考」のことを言います。

このムダを順番に消していくだけなのです。

実はこんなにシンプルで簡単なことなのに、効果抜群！

それでは、具体的なエピソードを見ていきましょう。

悪循環の原因、「3つのムダ」

ムダだらけでは、時短できない

まだ、「時短の魔法」に出逢う前。10年以上前の私は、かなり肥満状態でした。

・・・と言っても、体重の話ではありません。

時間のムダが多く、贅肉だらけだった、という意味です。

当時の我が家は、自分ではスッキリ暮らしている方だと思っていましたし、決して汚部屋ではありませんでした。

しかし、今、当時の部屋の写真を見ると「こんな乱れた家、住みたくない・・」とゾッとします。

リビングには子どものおもちゃが溢れ、クローゼットには似合わなくなった服がパンパンな状態。

子どもの衣類を収めるために、便利そうだと大きな収納ケースを買って、大量に積み重ねていました。

廊下収納にはコンビニでもできるほど醤油・みりんなどのストックがズラリと並ぶ。キッチンには油のベタベタを放置した調味料が並んでいる・・・。

そんな3LDKのマンションでした。


とにかく、「ムダなモノ」が多くて、見るだけで頭が疲れてしまう景色。

見た目の「モノ」がこんな具合だと、当然「行動」「思考」もグチャグチャです。


やらなきゃいけないコトで頭がいつもパンパン！

でも完璧主義だから、旦那さんにも任せられず、いつも心の中では「なんで私ばっかり！」「こんなに頑張ってるのに、なんでラクになれないの！」と一人プリプリと怒りを溜めながら、0歳の娘のお世話をする、育休中のママでした。

「こんな状態で復職して、私、やっていけるの？」「怖すぎる！復職なんてイヤ！」

仕事復帰後も時間に追われる暮らししか想像できず、途方に暮れていました。

でも、どうしたらいいか分からなかったのです。

目の前のトンネルは真っ暗で、闇しか見えないけど、時間と闘い続けるしか道はない！そう思い込んで、終わりのないトンネルを、ただただ走っていたのが、「時間の肥満時代」の私でした。

「時間と闘う」のは、もうやめよう！

私の母はとても料理上手な人でした。一緒にキッチンで手伝いをすること機会も多く、おいしいごはんにも日々触れていたので、とても恵まれていた方だと思います。

また、**私自身、大学時代に食物学科で食を専門に学んだ経験もあります。**

ですので、がんばれば料理なんてどうにかなる、と高を括っていたのですが、実際に結婚してキッチンに立つと、とんでもない！

毎日毎日、ノンストップでお料理するってこんなに大変なのか！と驚きました。

特に長女が生まれて、授乳の合間に、作ったこともない離乳食を、衛生面にドキドキでしながら、がんばって作っていました。

しかし現実は、泥遊びのようにグッチャグチャにしながら、嬉々として遊ぶ娘の姿に、心底イラっとして、ハラワタが煮えくり返ったこともありました。

「あぁ、母親になって、おいしいごはんを毎日手作りして、家族を守るって、なんて大変なんだ・・・」と、思うようにできない自分が、イヤになりました。

この時の私は、本当によくがんばっていました。

それはもう、世の中のママの一人として、堂々と胸を張って威張れるくらいに、毎日時間と闘いながら、家族のために、子どものために、家事にごはんづくりに奔走していました。

けれど、今の私には、とても苦しそうな姿に映ります。

「時短の魔法をかければ、そんなにがんばらなくても、もっと時間にも心にも、ゆとりが増えるのに・・」と、もどかしいことだらけだったのです。

心と時間にゆとりがあれば、目の前で幼い娘が同じコトをしても、きっともっと余裕をもって受け止められたな、と思うのです。

「時間とのムダな闘いは、一刻も早くやめて、ラクになってね！」

毎日がんばるあなたと、過去の自分に届けたい言葉です。

毎日2時間、ゆとりは増やせる

「時間」は自分が思っているよりも、もっともっと自分でコントロールして、ラクに増やすことができるんです。

時短の魔法に出逢えた私は、今ではすべての家事がたった1時間で済んでいます。

家事に3時間もかかっていた頃に比べると、ナント！

「毎日2時間」もの自由が、増えたのです。

1週間で、14時間
1ヶ月で、60時間
1年で、730時間

ナント！1年当たり、30日

約1ヶ月も自由な時間が増えたのです。

ものすごいインパクトですよね！

家事を時短できるだけで、1年で1ヶ月もの自由が増やせるのです。

時短の魔法をかければ、誰でも自由な時間は、まだまだ増やすことができます。

「時間がナイ」と言うにはまだ早いのです。

「キャパを増やす」は、諦めよう

まず、キャパオーバーを認める

私は「1日の家事を1時間でできる女です」なんて自己紹介しちゃうと、すごくマメで几帳面な女性だと勘違いされると困るので、先にカミングアウトしておきます。

私はただの、ズボラで食いしん坊の40代のママです。

出来ることなら、今でもお母さんが作ってくれたごはんを毎日食べたいです。たまに好きな時に食べたいものだけ作って食べ、掃除は一生やらなくていいなら嬉しい！

さらに、ゴミ捨てのために外に出るのが面倒で、少しでも外に出る回数を減らせないか、と常に考えては、家族から呆れられるほど、ズボラです。

また、すごくパワーや体力がある人だとも勘違いされるのですが、それは違います。

人より飛びぬけて旺盛なのは、

「食欲・好奇心」

「ラクするための研究」

「家族&がんばるママたちへの愛」

の3つだけ。


頭も心もカラダも、キャパは決して広くなく、体力もある方ではないので、すぐキャパいっぱいになります。

昔はすぐにキャパオーバーになって、疲れたりイライラしたりして、体調を崩してばかりでした。

一年の中で、体調がすごく良い日なんて、ほとんどありませんでした。

けれど、「時間の肥満状態」でバタバタ暮らしていた頃は、**自分のキャパの無ささ**

え自覚できておらず、「気合いでがんばれば、どうにかなる」と思い込んでいました。

それ以外の方法を知らなかったのです。


キャパが小さい上に、できるだけ動きたくない。

ズボラは変えられないし、変わる気もない。

でも、人並み以上に快適な暮らしはしたいし、おいしい手作りごはんは、絶対に諦めたくない！人生に妥協するのはイヤだ！


どうしたら、このワガママな難題を解決できるだろうか？

毎日毎日、そんなことを考えながら、家事・料理を10年以上、試行錯誤、研究しながら過ごしてきました。

「ムダを消す」だけでいい

そんな私が一番辛かったのが、「暗黒のワーママ時代」でした。

当時1歳の長女に、帰宅後にすぐにごはんを食べさせてあげたくて、必死に考えてやっていた工夫がこちらです。

① すぐに料理できるように、調味料をコンロ脇に出しておく
② 冷蔵庫/冷凍庫に、パンパンに食材をストックしておく
③ 前日寝る前に、翌日分の下ごしらえをすべてやる

どれも良さそうに感じませんか?

でも実は、私はこれを何年続けても、1ミリもラクになれませんでした。

「息する間もなく、毎日こんなにがんばってるのに、なんでラクになれないの?」
「ツライ。働けない、もう仕事辞めたい・・」

特に娘がイヤイヤ期の2歳の時は、家を出発するだけで、ものすごい疲労感。

あまりに時間に追われる毎日が辛くて、子どもにイライラしてばかりの自分に限界を感じていました。

勤務中に衝動的に上司の席に行って、「もう、仕事辞めます」と言いそうになったことが、何度あったかわかりません。

私が良かれと思ってやっていた工夫は、実は**「ムダ」を増やしていただけ**だったのです。

根本的な時短ではなく、表面的に良さそうなコトをしていただけなので、効果が出なくて当然でした。

本来やるべきは、「時短の魔法」で、自分を疲れさせる「3つのムダ」を消して、

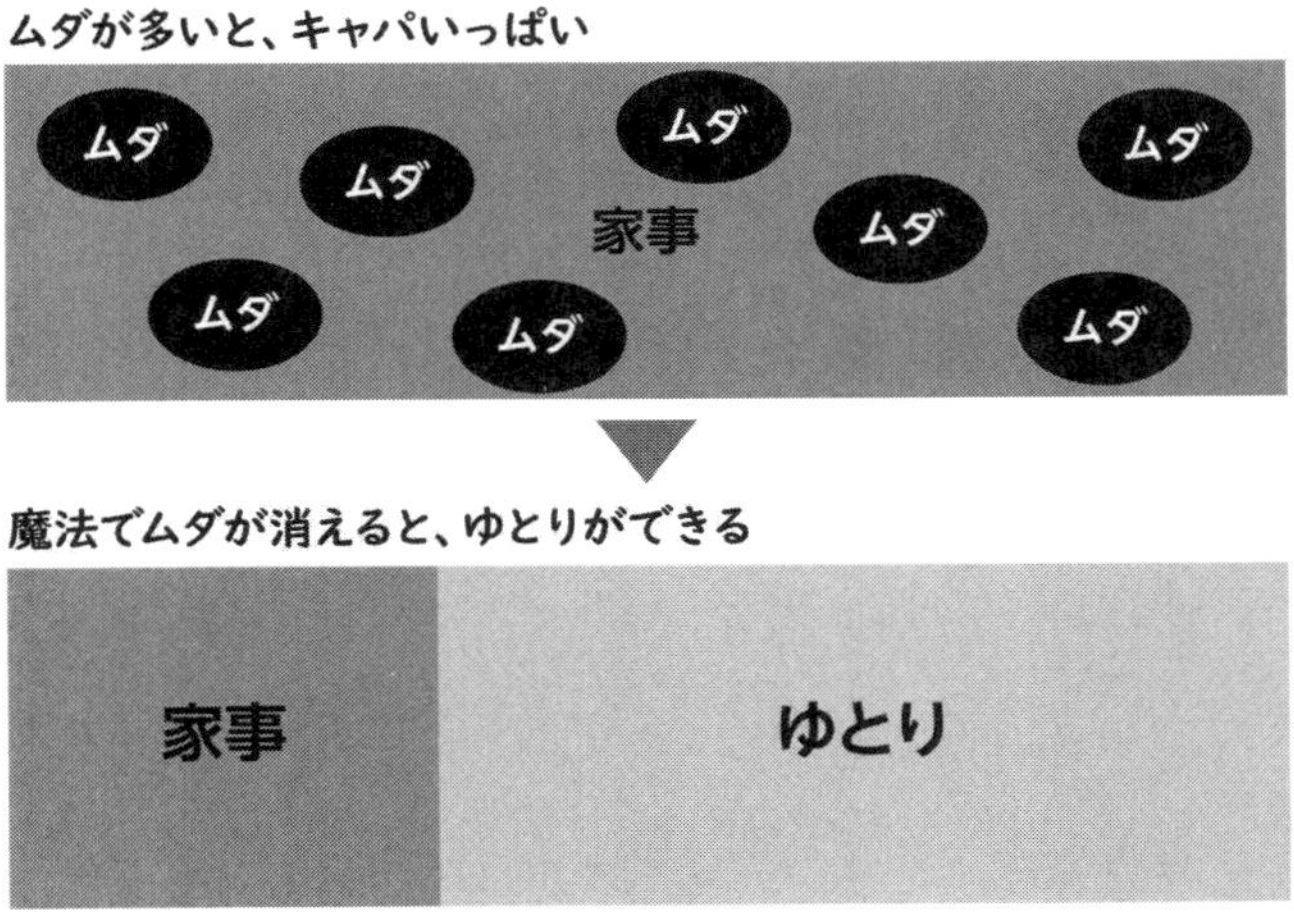

身軽になるべきだったのです。

よく、「キャパを増やす」と言いますが、正確には人間の持って生まれたキャパの箱の大きさは、そう簡単に増やすことはできないと、この失敗の経験から痛感してきました。

自分のキャパの箱の大きさは変えられない。でも、箱の中の「ムダ」を減らせば、箱の中の「余白＝ゆとり」を増やせる！

言い換えれば、**「ムダを消す」ことが、時短の本質！**この発想そのものが、「時短の魔法」であり、私の人生を180度変えてくれたのです。

あなたにお伝えしたいことも、この1点に尽きると言っても過言ではありません。

なぜ、ムダを消すだけで、ゆとりが生まれるのか？

このように私は暗黒のワーママ時代の失敗を経て「ムダを消すことが、時短の本質」と気づきました。

この**自分を疲れさせる「ムダ」とは「モノ」「行動」「思考」です。**

例えば、先ほどの私の悪い例も、このように時短の魔法で「3つのムダ」を消すと、ゆとりが生まれることがわかります。

ひとつずつ、魔法で上手く行った例を見ていきましょう。

「モノ」のムダを消す

✕ すぐに料理できるように、調味料をコンロ脇に出しておく

（実は時短になっていない！掃除の手間が増え、目の前にモノがあって、頭も疲れる）

○　本当に使うモノだけに厳選して、スッキリと引き出しにしまう
←

◎　調理スペースが広がって効率ＵＰし、掃除もラクになって時短！
←

「行動」のムダを消す

×　前日寝る前に、翌日分の下ごしらえをやる
（実はただ「時間移動」をしているだけで、時短になっていない。
むしろ、疲れた時間にやるので、パフォーマンスが下がる）

○ ← 休日ゆとりのある時に3～4日分効率よく「30分のまとめ下ごしらえ」をする

◎ ← 平日、包丁まな板不要でラク！休日も30分だけだから続けられる。
一週間トータルで3～4時間も時短！

「思考」のムダを消す

× 冷蔵庫、冷凍庫に、パンパンに食材をストックしておく
（食材が多すぎて、何から使ったらいいか混乱して、献立が決めにくい。
使い切れない野菜は腐り、冷凍食品は白骨化して使えず、お金もムダに）

○　週1回の買い物に合わせて、使い切れる量だけを買い、ムリなく使い切る
↓
◎　冷蔵庫も冷凍庫もすべて一目で見渡せるので、頭もスッキリ。
ラクに使い切ることができて、献立もパッと浮かんで時短！

これを見て分かる通り、沢山持てば持つほど、ムダが増えて、思考が疲れてしまい動きが鈍くなり、時間が奪われていたのです。

ムダな重荷を減らせば、足取りが軽やかになるのは当たり前なのに、当時の私はそれに気づけませんでした。

「モノ・行動・思考のムダ」をひとつでも多く消すことが、私たちのゆとりを増やす、唯一の道なのです。

「時短の魔法」のイメージが湧いてきたところで、さらに詳しく続けていきますね。

「時間がないけど、手作り料理を出したい」は叶う

ママの本音は、手作りしたい

「子どもの健康を守るために、手作りの料理を食べさせてあげたい。でも、時間もないし、料理も苦手でできなくて、悩んでいます・・・。」

こんな世の中のママのお悩みに対して「ママも忙しいんだから、無理しないでいいんですよ！惣菜やミールキットを頼ればいいの！」というアドバイスは沢山ありますが、私は、それってちょっと違うと思っています。

私自身、冷凍食品メーカーでマーケティングの仕事をした経験があるので、ママのごはんづくり事情がどれほど大変で、戦場のようになっているか、良く知っています。料理そのものが好きではない女性も、たくさんいますよね。

今の日本は、とても便利なサービスがたくさんあります。

それに満足している方や、時間を生み出すために家事代行サービスを依頼するのも良いことです。

家事代行や旦那様が料理を作ってくれるのはありがたいですよね。


惣菜やミールキットを活用するのも、賢い選択だと思います。


手作りしないことを、家族に申し訳ないとか、ダメなママだなんて思う必要もないと思っています。

自分の限りある時間を、本当にやりたいことに集中して使うのは、とても素晴らしいこと。

自分らしい生き方をしている背中を、子どもや家族に見せられるって、誇らしいですよね。

でも、わざわざ悩みを相談されるママの本音は
「忙しくて手作りできてないけど、本当は愛情込めて私が作ったごはんで、子どもを育

てあげたい！自分が作ったお料理をおいしいね！と食べて喜んで欲しい。」ということではないでしょうか？

私の時短サポートのお客様の半分は育休中のママで、あと半分は現役のワーママさんです。皆さん、本当に忙しくて時間がありません。

けれど、時間がないことを理由に、手作りごはんを諦めたくないから、わざわざ時間とパワーを使って学ばれています。

はじめは1～2時間かけて、必死にお料理していたママたちが、15分～30分以内で、おいしいごはんを作れるようになると、必ず言う言葉があります。

それは

「パッとごはんを作れるようになったら、仕事の後でも当たり前に手作りごはんを出してあげられるようになりました！ 子どもがおいしいって喜んでくれる姿を見られて嬉しいし、作るのに疲れないから、食卓を一緒に囲んで味わえる余裕があるのがすごく幸せです！」や「手作りごはんを諦めなくて良かった」という言葉です。

あなたはこの言葉を聞いて、どう感じますか？

愛情にフタをしなくて大丈夫

私は、これって女性の中から溢れ出てくる、止められない「母性」だと感じています。

子どもが生まれて母になり、愛する我が子を抱いて、一番はじめにおっぱいをあげる。母乳をあげることと、手作りごはんをあげることは、女性の本能的には同じだと思うです。

私は産後10日ほど、なかなか母乳がでなくて、子どもにひもじい思いをさせてしまうのはないか？と、心配で泣いた経験があります。

ミルクをあげるのは簡単でしたが、ちゃんと乳腺が開通すれば母乳は出るので、がんばりたかったんですね。

新生児にとっての母乳と、何でも食べられる大きな子どもにとってのごはんが、全く同じとは思いませんが、ママの中の根っこは繋がっていると感じます。

「料理を作る」とは、単なる家事ではなく、「子どもの命を守りたい」「子どもの喜ぶ笑顔が見たい」という、母親の尊い想いと切っても切り離せない部分があると思うのです。

このように、勝手にカラダの奥底から湧いてくる本能を、頭で止めることってできるのでしょうか？

「本当は作ってあげたいけど、惣菜でガマンしよう」

それは、本能や、あなたの本音にフタをしている、不自然な状態ですよね。

日本の共働き家庭で、加工品や惣菜などにかける1ヶ月の出費は、平均3万円ほど。家族も自分もおいしいと感じて満足していれば、立派な「投資」です。

しかし、「健康が心配だな」「子どもがあまり食べないのよね」となると、単なるその場しのぎのムダづかい、「浪費」となってしまいます。

ちなみに、見事に、時短で手作りできたご家庭では、このムダな浪費が丸ごとなくなり、旅行・学費・貯金など、幸せな投資に回せて、とても喜んでいます。

満足しているサービスを活用するのは賢い選択だけれど、本当は手作りしたいなら、その愛情を諦めたらもったいない！ですよ。

もし、今の選択に満足できていないなら、妥協するのではなく、ぜひ「時短の魔法」をかけてみてくださいね。

理想を叶えられる方法は、ちゃんとあるのですから。

「時短の魔法＝手抜き」ではない

心が貧しくなる「手抜き」はイヤ

「時短って手抜きとか、雑にするってイメージで、あまり好きじゃないんです。」

というお客様が結構います。私もこの感覚には同感です。

私は時短アドバイザーと名乗っていますが、「時短」という言葉自体は、実はあまり好きではありません。

ホンネは「時短」ではなく「時間活用」と表現したいところですが、伝わりにくいので我慢して使っています。


そのくらい、**「時短は、手抜きして雑に生きているみたいで、心が疲れる」、と感じる人が、私を含めて多い**のだと思います。

これは、とても素晴らしい感覚だと思っています。

豊かに生きたいから、時間が欲しい。

それなのに、時間を増やすために、暮らしが雑になったり、いつも急いでばかりで、目の前の幸せを見逃してしまったりする生き方は、不幸ですものね。

ちなみに、**私の座右の銘は「心の余白が幸せ感度」**です。


幸せって、目の前の風景や現実だけが決めるものではなく、最終的には自分の心がキャッチするものですよね。

だから、**時間やお金も大切だけど、最終的に心がパンパンの状態では、幸せは感じられない**と思っています。


いつも心がふわふわに柔らかくて、小さな幸せをキャッチできる「余白がある状態」でいるために、時間やお金の自由があることは、とても大きな影響力があります。

しかし、心がしぼんでは本末転倒。


「時短の魔法＝手抜き」ではありません。

本来やらなければいけないコトを放棄するのは、「手抜き」です。

一方、「やらない方が良い、ムダだけをなくす」のが時短の本質であり、時短の魔法で、あなたに叶えて欲しいことです。

がんばり屋のママに多いのが「やることを減らすのって、サボってるみたいで、罪悪感があるんです」という声。

大丈夫ですよ！

時短の魔法に、罪悪感は必要ありません。

なくても困らない「モノ」を消す
やらなくてもいい「行動」を消す
考えなくてもいい「思考」を消す

これだけのことなので、あなたは一切、手抜きはしなくてＯＫです。

むしろ、すごくゆとりができるので、ひとつひとつの作業を、ゆったり味わいながら愉しむことができるのです。

心豊かになれる時短

あるお客様は
「これまで、嫌々キッチンに立っていた1時間は苦痛で仕方なかったんです。でも、15分で夕飯が作れるようになったら、お料理する時間まで幸せになったんです！イヤな時間が0分になって、満たされています。」と、柔らかな笑顔でおっしゃいます。
ゆったりした気持ちでお料理するときは、ネギを切るサクサクという音や感触も、鍋から湯気がたちのぼる優しい風景も、美しかったり、心地良かったりしますよね。
「元々料理は好きだったのに、最近忙しくて、そんな歓びを感じられなくなっていて悲しいです・・」とご相談いただくことも多いですが、時間のゆとりさえあれば、きっとまたすぐに、同じ幸せをキャッチできるようになりますよ。

私も、お料理はのんびりするのが大好きです。というか、慌てることがキライです。自分のペースを乱されることも苦手です。

だからこそ、日々のムダを徹底的になくすことで、時間と心の余白を生み出して、心穏やかな時間を増やし続けています。


ちなみに、「モノ」も「行動」も「思考」も捨てるのが苦手だった私が、これだけ手放すことに慣れたのは、色々なきっかけがありました。

その中でも、『エッセンシャル思考』という本は大きなインパクトがありました。


エッセンシャル思考の人は、適当に全部やろうとは考えない。トレードオフを直視し、何をとるために何かを捨てる。そうしたタフな決断は、この先やってくる数々の決断の手間を省いてくれる。それがなければ、うんざりするほど同じことを問い続けるはめになるだろう。

エッセンシャル思考の人は、流されない。たくさんの瑣末なものごとのなかから、少数の本質的なことだけを選びとる。不要なものはすべて捨て、歩みを妨げるものをすべて取り除いていく。
要するにエッセンシャル思考とは、自分の力を最大限の成果につなげるためのシステマティックな方法であり。やるべきことを正確の選び、それをスムーズにやりとげるための効果的なしくみなのだ。

「本当に自分に必要なモノゴトだけを選択する意味」を実感したことで、あれもやらねば、これもキャッチせねば、という生き方からシフトできました。

Less is more
少ない方が、豊かである

こんな考え方に変わり、「自分を疲れさせる3つのムダ」を消すようになってから、心の豊かさと時間が、私の中にドンドン増えていきました。

「便利グッズ」に要注意？

インスタを開けば、時短キッチンツール・収納用品・掃除グッズなど、見た目も可愛くて、ワクワクするモノが溢れていますよね。

「これさえ買えば、私も速攻ラクになれそう！しかも、コレを持ってる私、オシャレじゃない？！」と誘惑がいっぱい（笑）

沢山持たなくてはいけない気持ち、みんなが良いといっているモノを持たないと、不安になる気持ちも、わかります。

だけどそれ、本当に使いこなせますか？

１回だけではなく、１年後、３年後も「コレのおかげで、毎日が快適」と、感じられているでしょうか？

誰かの便利が、あなたの便利になるとは限らない、と何百件のキッチンを拝見して感じます。

そのグッズを使う瞬間は時短できても、それを洗って・乾かして・しまう、などの一連の作業を考えた時に、「トータルで時短」できるでしょうか？

お手入れの手間だけでなく、モノを置くためにスペースを盗られることで、作業スペースが減り、他のモノが取り出しにくくなる弊害があるので、グッズを安易に増やすのは要注意です！

実は逆に、**何となく持っているモノを減らし、本当に使うモノだけに厳選すると、モノを選ぶ・取り出す・しまう、が格段に時短できます。**

10年以上昔の私は、２つのクローゼットに洋服がパンパンでしたが、いつも「着られる服がない・・」とぼやいていました。

こんなに沢山あるのに、どれも着たい気持ちになれなかったのです。

今では、服の量は、当時の１／５に減りましたが、着たい服しかありません。

選ぶ時も10秒で決まります。

本当に着たいと思う、超お気に入りだけに厳選して、ムダをそぎ落とす。

洋服を眺めてワクワクできるだけでなく、ムダだった、選ぶ時間・出し入れする時間をほぼ0分にすることができました。

私はミニマリストではありませんが、モノを減らしたことで、家の風景も頭も、格段にスッキリして、ムダな動きがほとんどなくなったのです。


人間は、一度手に入れたモノは、本来の価値以上に、価値を高く感じるそうです。

なので、せっかく買った服は手放したくないし、3年以上使ったこともない引き出物の食器も、なかなか手放せない、ということはありませんか?


モノを所有していることが、時間の「得」とは限りません。

むしろ、時間泥棒=「損」になるので、要注意。

逆に、モノを減らすことで、時間が生まれる道が拓かれるのです。

本当に使う、「少数精鋭の必要なモノ」以外は手放す。

時短の魔法の効果、少しイメージが湧いたでしょうか?

1000個のレシピを知っても、幸せになれない

「モノ」だけでなく「情報」も同じで、多過ぎると使いこなせないという問題が起こります。

例えば、**あなたはレシピ検索を頻繁にしていませんか？**

1年に100回検索したとすると、10年で100回×10年＝1000個

あなたのスマホには、1000個のレシピがあることになります。

その中で、本当にあなたの財産になっているレシピは、何個ありますか？

これは、数を増やせば増やすほど、使いこなすのは難しくなるという、一例です。

でも、何を作ったら良いか思い浮かばない、という時は、情報の数を増やすのではなく、本当に使える状態に「質を高める」ことに、同じ時間とパワーを使うのがオススメです。

もし、レシピをほとんど見なくてもすぐに作れるレパートリーを、１つずつコツコツ増やして、30種類作れるようになれば、１ヶ月、飽きずに作れるようになれますね。

ちなみに私は、初心者向けお料理教室の講師からスタートしたので、お料理が苦手な方のサポートを長年しています。

レシピを定着させるには、1ヶ月以内に3回、同じレシピを繰り返し作るのが効果的なのです。

１回目は失敗して当たり前。時間もかかります。
ここで終わりにするから、得意なレシピが増えないのです。
諦めずに、すぐに2回目を作りましょう。

2回目は、１回目の失敗を繰り返さないように。
ポイントを押さえて作るのが重要です。

3回目は、流れとポイントがつかめて、ようやく身体がレシピを覚えてくれます。

1ケ月以内に3回繰り返さないと、毎回、1回目の振り出しに、後戻りします。

後戻りしてしまうと「時短で作れるおいしいレパートリーが広がらない・・・」と、いつまでたっても検索の沼から抜け出せないことになってしまいます。

ちなみに、3回作ってもおいしく作れない場合は、根本的に原因があります。

そのレシピがおいしく作れない設計になっているか、レシピを再現できるお料理技術が足りないか、のどちらかです。

作りやすい良質なレシピにはお金をかける価値があるので、ぜひここはケチらないで、時間に投資してみてくださいね。

お料理技術が足りない場合は、素材の選び方・火力・切り方などの基本からしっかり学ぶことが大切です。

そうすると美味しく再現できるようになりますし、レシピの良し悪しを判断する目も養えるので、ぜひしっかり学んでみてくださいね。

ちなみに、お料理初心者のワーママさんも、切り方や火力などの基礎力を高めたことで、レシピの再現率がアップしてお料理がグッと垢抜けました。お子さんが喜んで食べてくれるようになり、レシピ検索をする必要もなくなったのです。

情報は、使いこなしてナンボ。

情報はたくさんあればあるほど、頭の中はギュウギュウパンパンになります。

結局、どれも得意メニューに昇格せず、「作れるメニューがない」のループから抜け出せなければ、ずっと迷路の中にいることになります。

それではかなり苦しいですよね。

レシピ検索を１０００回繰り返しても、あなたはラクになれません。

本当に時短したいなら、「情報」も、むやみに数を増やすのではなく、「質を上げる」ことに、あなたの貴重な時間を回してあげてください。

ママの愛情を諦めないで、形にして欲しい

「ともみん先生が、時短アドバイザーになったきっかけは何ですか？」とよく質問をもらいます。

私の原点は「ハンバーグ」にまつわる会話でした。

今から14年前、今は中学生の長女の育休中に、公園でママ友と井戸端会議。一人のママが「夕飯ってどんなもの作る？」と聞いたので、「私はこねるだけのハンバーグとか、よく作るよ」と答えました。

すると、「ハンバーグを手作りするなんてすごいね！私、焼き魚しか作れなくて・・・これから子どもに何を作ってあげたらいいんだろう・・・」と、シュンとうつむいてしまったのです。

私はその姿を見て

「なんてもったいないんだ！お料理ってカンタンなのに！やり方を知らないだけで、

家族にずっと後ろめたい想いを抱え続けるなんて、切なすぎる・・・」

と、強烈に思い、胸がギュッと苦しくなりました。

その時の私は、お料理を教えてあげる勇気が出なかったのですが、この想いは、何年経っても胸の中でくすぶって、ずっと忘れることができませんでした。

それから数年、主人の転勤を機に、生まれ育った東京から離れて、金沢へ引っ越すと同時に、会社を退職しました。

そして、新天地で出逢うママたちも、やっぱりお料理に困っていました。

周りの人たちの後押しもあって、勇気を出して、初心者向けのお料理教室を自宅でスタートしました。

私自身、お料理上手な母のおかげで、とても食いしん坊に育ち、家族が集まるホッと安らぐ食卓が大好きでした。

ですので、食品メーカーでは充分に叶えきれなかった「家族の食卓を豊かにする仕事がしたい」という想いが満たされていくのが、とても幸せでした。

けれど、お料理教室に来たママたちは「おいしいごはんは作れるようになったけど、やっぱり時間がないんだよね。」と口を揃えて言うのです。

その時、過去の苦しかった、暗黒のワーママ時代の自分と重なりました。

「あぁ、私も時間がなくて苦しかったな・・・。

あれ?でも、ワタシ最近、時間に追われてないよね?なんで?」と。

そして振り返ってみると、10年かけて試行錯誤してきた時短の工夫が、私の時間にゆとりをもたらしてくれていたことに、ハッと気が付いたのです。

それはまさに、「時短の魔法」の効果でした。

「このエッセンスを、忙しいママたちにお伝えできれば、過去の私と同じ苦労をしなくて済む！」

そう気づいたら、一気に時短講座を作りあげ、時短アドバイザーとして動きはじめて

いました。

ママの愛情を諦めないで、形にして欲しい。


子どもにおいしいごはんを作ってあげたいなら、諦めないで欲しい。

時間がなくても、料理が苦手でも、やり方さえわかれば、誰でもできるから。

忙しい夕方にごはんを手作りすると、子どもにイライラしたり待たせたりして、罪悪感を感じてしまうなら、15分で夕飯が作れるようになればいい。


すでに誰かができるようになった知恵があるのだから、その知恵を一人でも多くの人に伝えたい。早くラクになって欲しい。


「時短の魔法」でムダを消して、すべてを生きた時間に変えて欲しい。

愛する家族との時間を、味わい尽くして欲しい。

何にも諦めずに、人生をめいっぱい愉しんで欲しい。

そんな想いで活動しています。

第３章

キッチンの「時短の魔法」が人生を変える理由

おいしい夕飯は、15分で手作りできる！

あなたは、夕飯づくりに毎日、何分かかっていますか？

平均的に1時間ほどの方が多いですが、30分～2時間、夕方にキッチンに立つ人がほとんどかと思います。

私も育休復帰した頃は、がんばって下ごしらえをしても、結局1日トータルで1時間、お料理に時間を費やしていました。

必死に早く動いたところで、30分以内で作れたことはありませんでした。

そして、毎日、時間に追われて、すごく苦しかったけれど、「料理にこのくらい時間がかかるのは、仕方がないことかも・・・」と諦めていました。

けれど**私は今、毎日15分で夕飯が作れるようになっています。**正確には、もっとのんびり作る日もありますが、それは時間に余裕があるから、ゆったり作る贅沢な選択もできる、というだけです。

一汁三菜のおいしい健康的なごはんを、こんなに短時間で焦らずに作れるようになったのです。

昔の私が聞いたら、

「15分で夕飯が作れるなんて嘘でしょ？すごく手抜きして美味しくないか、すごく急いで作ってゼーゼー息を切らして苦しいか、どっちかだよね？いくら時短できても、そんな暮らし、私はイヤよ！」

と、信じてくれないどころか、全否定されていたと思います（笑）

「時短」という言葉は、それほどに「雑」「手抜き」「急かされる」というネガティブな印象があるのかもしれません。

一般的に「料理の時短」というと、「時短レシピ」「時短グッズ」「時短家電」など思い浮かべるかと思いますが、私はこれを「インスタントな時短」と呼んでいます。
確かに少しの時短はできるけれど、足しても足しても、時短の効果は限定的で、一週間トータルで3～4時間時短するには、とても追いつかない、小手先の方法です。

私は別の言葉で「点」の情報とも表現しています。

「点」で、時短の情報やツールを足していくイメージです。
これでは、つながっていかないので、根本的な解決は難しい。

一方、私が時短の魔法をかけられるようになったのは、この「点の情報」に対して、**「立体の知恵」**を意識したことが、ターニングポイントでした。

一度積み上げたら絶対崩れないような、頼れる山を築くイメージです。

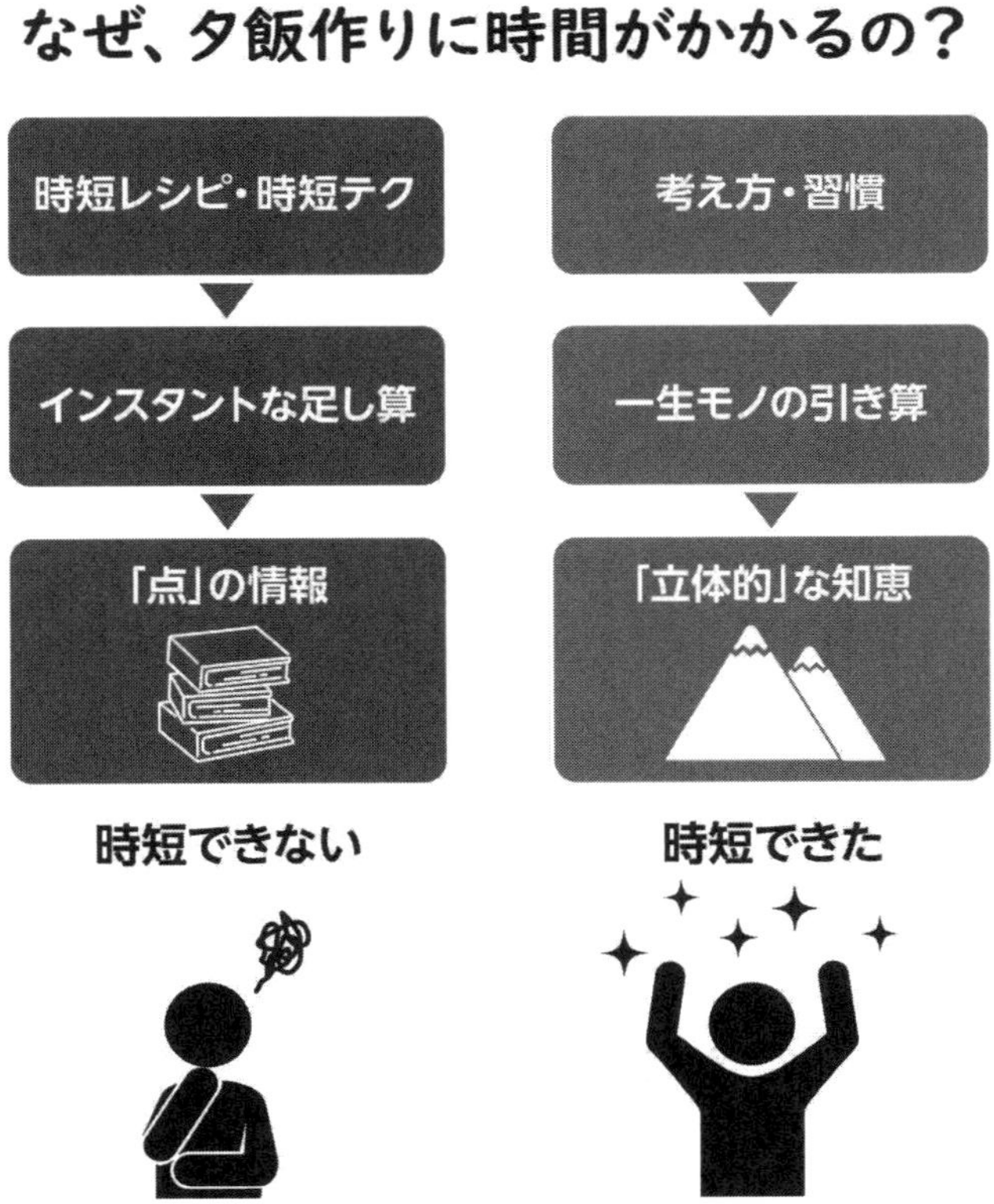
なぜ、夕飯作りに時間がかかるの？
時短レシピ・時短テク
インスタントな足し算
「点」の情報
時短できない
考え方・習慣
一生モノの引き算
「立体的」な知恵
時短できた

ただ、この山もムダに大きければ良い、というわけではありません。人間と同じで、使いこなせないムダな贅肉は要りません。しなやかで、軽いカラダの方が良いのです。

「時短の魔法」＝「しなやかなカラダづくり」＝とイメージすると、わかりやすいかもしれません。

「点の情報」で贅肉だけを増やしても、健康的で動きやすいカラダにはなれませんよね。

「時短の魔法」は、「立体的な知恵」にするために、不要な「モノ・行動・思考」を消してくれます。

あなたに一生ゆとりを運んでくれる、ラクで安心できる方法なのです。

なぜ、15分で夕飯を作れるのか？

それでは具体的にどうすれば、一生モノのゆとりを増やせるのでしょうか？

実際に15分で夕飯が作れるようになったお客様たちは、この「時短４つの土台」を身につけることで、理想の暮らしを叶えています。

時短4つの土台とは【①環境】【②時間】【③習慣】【④余裕】のことです。

時短4つの土台

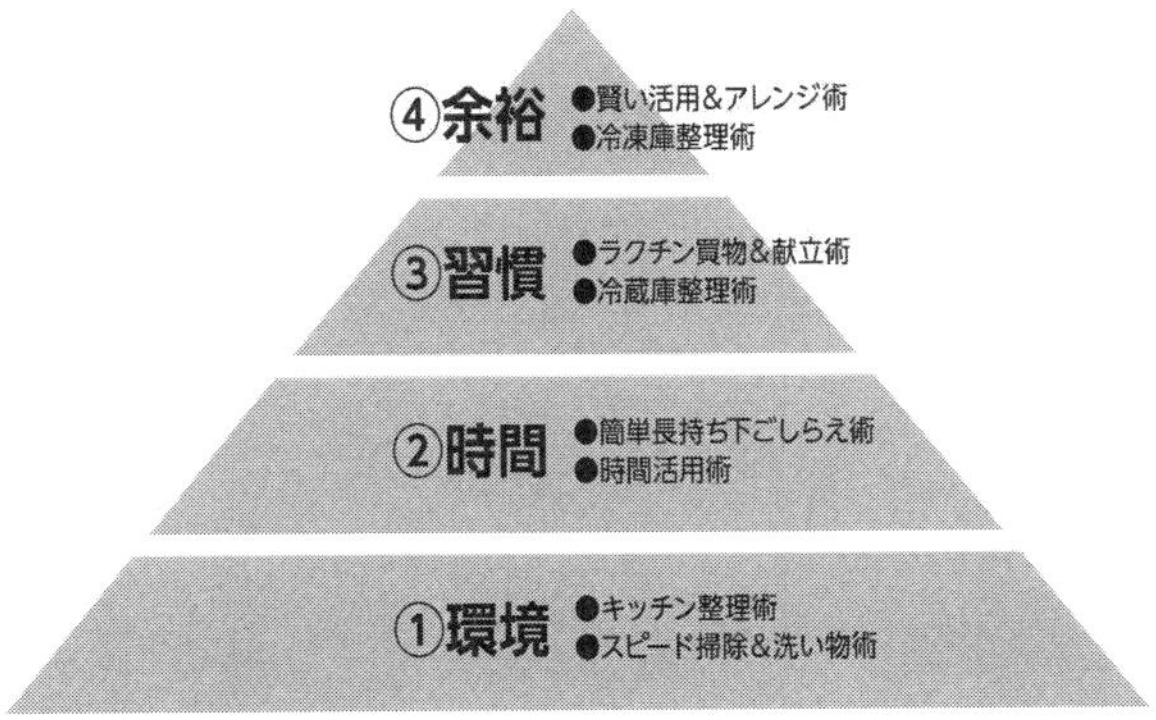

この土台が、私の時短オリジナルメソッドの核となっています。

この4つ、実は順番がとても大切です。
ズバリ、一番下の段から順番にやるのが最も効果的。

正確には、1段目をすっ飛ばして、2段目をがんばっても、手から砂がこぼれ落ちるように、見事にリバウンドします。

ですから、時短サポートでは、一番近道できる1段目から順番に、時短の魔法をかけていきます。

どんなことをしたら、時短の魔法がかかって、ゆとりが生まれるのか。

さっそく、1段ずつのぞいていきましょう！

料理をラクに時短できる近道

疲れるキッチンの共通点

さて、突然ですが、ここは倉庫の管理会社です。ともみんとあなたは同じお給料で働いています。

ともみんの担当は、倉庫1つ。広さはお家1軒分です。

一方、あなたの担当は、同じ大きさの倉庫3つ＝お家3軒分です。

ともみんと同じお給料ですが、あなたは3倍のモノを管理しています。

倉庫で管理しているのは、食品です。

オーダーが入ったら、賞味期限が古いモノから順番に出さなくてはいけません。

また、賞味期限を切らせると、あなたのボーナスが引かれるので、期限が近くなったら、売れるように、自分でセールもしなければいけません。

さて、あなたは、ともみんと比べて幸せでしょうか？

「同じお給料なのに、ともみんだけラクしてズルい！絶対残業なしで帰れるじゃん！」と思いませんか？

実は

「倉庫＝食品ストック」

「セール＝献立を考えて使い切るコト」

と同じなのです。

さて、ここで、あなたのキッチンのストック・キッチンツールの量を思い出してみてください。

「多過ぎて、賞味期限が切れているかも。」

「何年も使っていないグッズが、引き出しにあるわ。」
ドキッとする風景が浮かんできませんか？

私も、今でこそ、1ヶ月で使い切れる食品ストックや、ほぼ毎日使うグッズだけに厳選して、スッキリ整ったキッチンになりましたが、昔は2倍の量を管理していました。

キッチンに入り切らない醤油・みりん4〜5本ずつの大量のストックや、引き出物でいただいた来客用のステキなグラスを、廊下収納にズラリとしまい込んでいました。

この頃は、「わーい！廊下収納が広くて良かった。」と喜んでいましたが、今思えば、キッチン内に使いこなせないストックやグッズがあって、遠くに追いやられていただけだったのです。

本来なら、キッチン内にすべて収納して、倉庫1個でラクに管理できるはずだったのに。

わざわざタダ働きをして、倉庫を2個管理していたわけです。

醤油を使うたびに、４本の賞味期限をすべて見比べて、どれが一番古いかな？と確認してから、取り出していました。

あぁ、なんて生産性のないムダな時間！！

私のムダな労力を、時間を、返して欲しい！

思い出すとすごく悔しいですが、早く気づけたことに感謝しないといけないですね。

今では、キッチンにモノが少ないほどラク！と実感しています。

モノが減れば、ゆとりが増える

実際、15分で夕飯が作れるようになったお客様の中で、はじめから一見キレイなキッチンで、お片づけが必要ないと感じていた方でさえ「ムダなモノを徹底的に減らして【①環境】が整ったことが、一番時短に繋がりました！一生モノの財産です」という方が、とても多いです。

皆さん、5ヶ月のサポートの間にモノが3～7割減ったと体感されていて、平均で5割減っています。

まさに、倉庫1～2個分、管理する量が減ることで、時間と頭にキャパが生まれているのです。

あらためて、倉庫の例でイメージしてみましょう。

3個の倉庫より、1個の倉庫の管理で済めば、パワーは1／3で済みます。
ムダなセールや賞味期限切れもなくなるので、お金の節約にもなります。
管理する時間が1／3になるだけでなく、ワーキングメモリーも節約できるので、頭も疲れません。

これでもあなたは、昔の私のように、まだ食品ストックをたくさん持ちますか？

使っていないモノを、キッチンにしまっておきますか？

目安として、「倉庫1個分＝1ヶ月で使いこなせる量」まで、ムダなモノを減らすとラクになれますよ。

毎日のお料理で「あれ、どこいったかな？」「どれを先に使おうかな？」などのムダな動きや思考がなくなって、モノに振り回されなくなります。

あなたが、キッチンの主導権を握ることができるのです。

これが、時短に欠かせない、コントロール力につながります。

モノが多いと、損をしているのです。

モノが多い＝ムダな労力が増える＝時間を失う

「ムダなモノ」を時短の魔法で消すことで、時間が増えるイメージ、湧いてきましたか？

ムダな贅肉が減ると、カラダが軽くなって、コントロールしやすくなるのと、よく似ていますよね。

正直な話、このページの内容ができるだけで、お料理を毎日10分～30分時短できるほど、効果絶大！

時間を増やすためにムダなモノを減らすって、ちょっと遠回りに感じるかもしれませんが、実はこれほど効果的に、ラクに時短を叶える近道はありません。

ぜひ、やってみてくださいね。

0・5歩で料理できるキッチン

最短動線のキッチンがあなたを救う

「これまで、３歩歩いてお料理していましたが、動線が短くなったら０・５歩でサッと作れるようになって、すごくラクです！」

料理時間が１／３以下になった方が、キッチンを片づけ終わった時におっしゃった印象深い言葉です。

モノの総量が減ることで、単純に昔の私のように廊下収納を使わなくて済むようになるので、コンパクトにモノを収めることができます。

そうすれば、自然と歩く距離は短くなりますよね。

ほとんど動くことなく、クルッと振り返るくらいの最小限の動きで、料理は完成す

るのです。

近年、立派なパントリーのある広々したキッチンが流行っています。時短サポートをさせていただくと、広すぎるキッチンや、贅沢なほどのパントリーがあることで、逆にモノが勝手に増えてしまって、管理が行き届かない悩みを抱える方が、とても多いことに気づきました。

倉庫1個分、余分なモノが減ったママたちに、お片づけの仕上げの段階で、いつもこのように伝えています。

「空間があるからといって、すべての棚にモノを入れる必要はないんですよ。一番上の棚や、遠いパントリーは、空のままでいいんです。近くて使いやすい場所だけ、贅沢使いしましょう。」

はじめはビックリされるのですが、実際にそれで暮らしてみると

「片づける前はキッチンを何往復もしていたのに、振り向くだけで、お料理が完

成していくんです！デキル女になれた感じがして、快感です！」と自信満々の笑顔を見られると、ラクになれて良かったね！と私も嬉しくなります。

私自身も、料理するときにほとんど動いている感覚はないですし、片付けもラクになったので、洗い物もたまりません。

掃除が好きではない、超ズボラな私ですが、作業台の上にモノがなくなったので、お手入れがラクになり、1～2分でピカピカにリセットできるようになりました。

モチベーションもスピードもUPする

時短の魔法で「ムダなモノ」を消せると、良いことづくめです！

✓探し物がなくなる
✓モノの出し入れがラクになる
✓移動せずに料理できる
✓洗い物が溜まらない
✓掃除がラクになる
✓気分が上がる

逆に、モノが多い状態で、時短の土台の二段目の【②時間】を整えようとして、「まとめ下ごしらえ」をしても、まったく上手くいきません。

作業スペースが広々して、鍋やボウルをサッと取り出せるからこそ、効率良く下ごしらえやお料理ができるのです。

これはキッチンに限らず、家の他の場所でも同じですし、職場にも当てはまりますね。

まず、【①環境】を整えることが、時短への最速で、唯一の道です。

要するに、モノが少ないと、スピードが上がり、パフォーマンスが爆上がりするわけです。

「片づいたキッチンが心地良すぎて、パワースポットみたいになっています。最近気づくと、キッチンに立ってるんです（笑）」という方もいらっしゃいます。

モチベーションが勝手に上がるなんて、時短できる以上のメリットかもしれませんね。

どんなにパワフルな人でも、時間とパワーには限りがあります。
モノが多いと、パワーがダダ漏れしている状態になっています。
これでは疲れて当然です。

自分のキャパを広げるために、ムダを消すのが「時短の魔法」でしたよね。
キッチンがスッキリしない段階で、15分で夕飯を作れるようになったお客様は、まだ一人もいらっしゃいません。
ぜひまずは、時短の魔法をかけて、あなたを疲れさせる「ムダなモノ」を消してあげてくださいね。

あなたにとって、最高のキッチンとは？

さて、ここでひとつ質問です。あなたのキッチンのモノが、あと何割減ったら「このキッチン最高に好き！」と感じて、毎日、自然と立ちたくなりますか？

「　　割」

０．５歩で歩けるキッチンの答えは、あなたの中にありますよ。
時短の土台１段目【①環境】を整える大切さ、イメージしていただけたでしょうか？

時短の魔法にかかったら

幸せエピソード「モノ」編

本当に魔法にかかったみたいでビックリ！

ラクに早くごはんを作りたくて加工品に頼っていたら、身体を壊してしまい、「あれもダメ、これもダメ」と怖くて使えなくなり、お料理に2時間もかかるように。
時間をかけても「おいしくない」と言われて、毎日悲しくて「誰か助けて！」と心の中で叫んでいました。 でも、自信に思える動きやすいキッチンになったら、毎日15分でおいしい夕飯を作れるように！さらに、主人や子どもが勝手に洗い物をしてくれるようになって幸せです。本当に魔法にかかったように人生が変わりました！

Y・O様（2児のママ／フルタイム）

苦痛だった料理が、お尻フリフリ愉快に！

要領が悪く、１日にキッチンに何度も行き、他のことが何もできない毎日。心を無にして、何とか料理をしていました。キッチンに入ってくる子どもに「危ない！ダメ！」と怒って、キッチンは自分しか知らない、孤独な場所になっていました。
でも、モノが５割も減って、探し物0のキッチンになったら、本当にラクに！歌いながらお尻フリフリ、15分で出来たてのごはんが出せるようになりました。子どももどこに何があるかわかるので、勝手に手伝ってくれるようになって「ありがとう！助かる！」と感謝する毎日です。

K・S様（3児のママ／フリーランス）

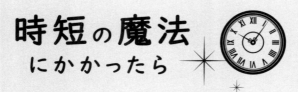

15分で３品作れて、罪悪感がなくなりました

仕事の後、すぐにごはんが出せず、お腹を空かせた子どもにおやつを出してしまって罪悪感を感じたり、偏食で食べてくれないことに悩んでいました。
でも、キッチンのムダなモノを減らして、洗い物や料理がしやすい動線になったら、夕方がスムーズになり、毎日安定して15分で3品作れるようになりました。子どもを待たせずに、サッとおいしい副菜も作れるようになって、子どもも野菜を食べてくれるように！人生に欠くことのできない食と、自分時間を両立できて本当に良かったです。

S・S様（１児のママ／パート）

やりたいことにチャレンジできる余裕が！

モノが溢れる、見通しの悪いキッチンで、毎日１時間半もかけて料理していました。そのまま育休復帰していたら、「ごはん何作ろう」と悩んで胃が痛くなって、子どもにもイライラしていたと思います。
でも、キッチンを片づけたことで「キッチンに立ちたい！料理が楽しい」に変わりました。安心して子どもにお手伝いさせてあげられるように。何より、スッキリしたキッチンが気持ちいいです。自分時間もとれて、やりたいことにチャレンジする余裕も生まれて良かったです。

E・O様（2児のママ／パート）

快適なキッチンで、夫と分担できるように

キッチンがグチャグチャで、どこに何があるのかわからないことや、レパートリーのマンネリに悩んでいました。レシピ検索にも時間がかかっていました。
でも、環境を整えたおかげで、「何作ろう？」から解放されて、ピカピカの使いやすいキッチンで15分で3品作れるように！さらに、主人もキッチンが使いやすくなり、安心して料理を分担できるようになって助かっています。育休中に時短できて、自分・家族時間を確保しながら、美味しいご飯を食べられるのが嬉しいです。

K・F様（2児のママ／フルタイム）

疲れた夕方に料理するのは損！

パフォーマンスの高い、朝がチャンス

時短の魔法で「モノのムダ」を消して、【①環境】が整いましたね。

次は【②時間】を整えるために、「行動のムダ」を魔法で消していきましょう！


1日の中で1番疲れが溜まるのは夕方です。

それなのに、今から夕飯づくりスタートするのか・・・。キッチンに立つ前から、ゲンナリしますよね。


夕方は「**カラダが疲れる**」「**頭が働かない**」「**予定が押す**」「**子どもがグズる**」など、実は夕飯を作るには、悪条件がオンパレードの時間帯です！

そこで、発想を変えてみましょう。

パフォーマンスが落ちる時間にやろうとするから、上手くいかないのです。パフォーマンスが高い時間帯に、面倒な作業を済ませてしまえば、少ないパワーでおいしいごはんが作れるようになります。

では、いつやればいいの？
私のお勧めは、ズバリ、朝です！

朝は、たっぷり眠って、疲れもなくて元気いっぱいな時間帯ですよね。カラダもラクに動くので、体感として、夕方の１／３ほどのパワーで、同じ動きができます。

朝、コンディションが良いのは、自分だけでなく、子どもも同じ。

例えば、私は育休中、朝食後、子どもの機嫌が良くて１人遊びしてくれる間に、その日の下ごしらえをしておくことで、夕方、包丁まな板を使わずに、夕飯を15分で完成させていました。

「夕方、子どもの黄昏泣きに振り回されてて、夕飯づくりに2時間もかかって困っています」というお客様がいましたが、このママさんも、朝のうちに下ごしらえしておくことで、夕方はたった15分で3〜4品作れるようになりました。

大好きな子どもにイライラせずに、ちゃんと向き合えるゆとりが生まれるって、幸せなことですよね。

朝だから、続けられる理由

でも、「朝こそバタバタして時間がナイ！」という声が聞こえてきそうですが、大丈夫！

人それぞれライフスタイルが違うので、細かいところは調整が必要ですが、「朝の洗い物」のタイミングに下ごしらえをやると、上手くいくことが多いです。

わざわざキッチンに立たなくても、必ず、毎朝そこにいますよね。

どっこいしょ、と重い腰を上げる必要がありません。

また、新しい習慣をスタートするとき、元々やっている習慣にセットでプラスすると、成功しやすいです。

朝の洗い物と下ごしらえは、とても相性が良いのです。

自分のライフスタイルの中で、タイミングがピタッとハマると、下ごしらえの継続はとてもラクになります。

サポート生さんの9割以上が、朝、続けています。

でも、「朝は毎日が戦争のようで・・とても下ごしらえなんて続けられません・・・。」と悲鳴を上げたくなりますよね？

安心してください。下ごしらえは、毎朝やる必要はありません。

この「頻度」は、下ごしらえを成功させる重要ポイントなので、次で詳しく触れていきますね。

「まとめ下ごしらえ」で効率UP

損する下ごしらえ

かつての私は、「下ごしらえ」をやってもやっても、ちっともラクになれない！と、絶望を感じていました。

はじめにお伝えしておきます。**「下ごしらえ＝時短」ではありません。**

暗黒のワーママ時代の私は、まさに間違った認識で、すごく損していました。翌日行うはずの作業を、ただ前日の寝る前、一番疲れてしんどい時間帯に「時間移動」していただけだったのです。

たしかに、帰宅後すぐに、腹ペコの娘にごはんを出してあげられました。

けれど、実は1分たりとも、時短できていなかったのです。

あぁ！これじゃ、ラクになれなくて当たり前だ！

だって、時短できていないのだから。

では、下ごしらえで時短するためには、どうしたら良いのでしょうか？

格段にラクになる「まとめ下ごしらえ」

たくさんのママたちが成功しているのが、「まとめ下ごしらえ」です。

例えば、フルタイムで働くワーママなら、日曜朝、30分だけまとめ下ごしらえをする！

8～10品ほど、肉・魚・野菜の長持ち下ごしらえをします。

どうしても足りない分だけ、水曜朝、5～10分プラス。

これで、平日は包丁・まな板をほとんど使うことなく、サッとお料理できるようになれるのです。

普通なら、「8品も下ごしらえをしたら、1～2時間かかるのでは？」と思いますよね。**実は、たった30分でたくさん作るポイントがあります。**


それは「同時並行」です。


「下ごしらえが辛くて続きません。しかもすぐ腐らせてしまって、せっかくの野菜をムダにして、ガッカリです。」という方は、とても多いです。

皆さんがやりがちな失敗が、「ただひたすら、切るだけ」。

コレは一番やってはいけない下ごしらえなのです。

切るだけだと同時並行できなく、翌日にパサパサ、変色でおいしくなくなるし、時短にならない！大損していますよね。

「まとめ下ごしらえ」成功の秘訣

「まとめ下ごしらえ」が時短につながる本当の理由は、「同時並行するから」。

誰でもすぐにできてオススメなのが「茹でる」下ごしらえと組み合わせることです。

例えば、ほうれん草や小松菜を茹でながら、野菜を切る！

そうすると、同時並行できるので、同じ品数を作るにも、半分以下の時間で作れるようになります。

ちなみに、私のサポートでは、ラクにおいしく続けられるように、「長持ち下ごしらえ」や、使いこなし方、どういう組み合わせや順番で作ったら良いか、など、その方のライフスタイル、性格、家族構成やご家族の好みに合わせて、ピタッとハマる形を一緒に見つけていきます。

ここまで持っていくと、30分で8品以上、誰でも作れるようになります。

また、「下ごしらえすると、味が落ちるのがイヤです」と心配される方が多いですが、大丈夫ですよ。

私は食いしん坊なので、「下ごしらえした方がおいしい」じゃないと、食べ物に失礼だと思っています。

なので、私が推奨しているのは、子どもも喜んでパクパク食べてくれるような、おいしくて長持ちするもの限定です。

その中のひとつで、**誰でもできるオススメが『茹でる』です。**

茹でる＝加熱されているので、「翌日パサパサになっちゃった問題」がなくなり、3日ほど冷蔵庫で持ちます。

適度に水気を切って、よく冷ましてから、冷蔵庫で保存すると、夏場でも安心して保存できますよ。

これまで、疲れた夕方やっていたことを

・パフォーマンスの高い朝

・まとめて

・同時並行

これで、かつての私のように、時短できない「時間移動」の下ごしらえでもなく、ひたすら切るだけで、捨ててばかりだったムダなループからも抜け出せますよ！

週末3時間の「作りおき」、続けたいですか？

ちなみに、私は、完成品をたくさん作る「作りおき」は苦手なタイプです。

「下ごしらえ＝簡単＆単純作業」なので、練習すれば誰でも2～3品を同時並行して作りやすいのです。

一方、作り置きは「複雑なお料理を完成させる」必要があります。これは「思考」に大きな負荷をかけるので、相当、時短&お料理レベルが高くならないと、続けにくいのです。

結果、時短ではなく、単なる「時間移動」になってしまいがち。

「週末、3時間かけて作りおきしていたけど、家族と出かける時間も、ゆっくり休む時間もなくて、辛すぎて。もう限界です・・」というご相談を、とても多くいただきます。

また、

✓同じものを食べるのが飽きる
✓本当は出来たてが食べたい
✓だんだん味が落ちる

など、不満を抱えながら、仕方なく作りおきをしているワーママさんは、たくさんいらっしゃいます。

もちろん「夕方は100％何もしなくない！」という方の選択肢としては良いと思います。

しかし、たった15分で毎日おいしい出来立てのごはんが食べられるって、本当に幸せなことです。

はじめはお料理が苦手で、家事代行に頼っていたワーママさんでも、30分以下のまとめ下ごしらえをマスターしたことで、夕方15分で作れる自信が付きました。

「事前に作っておかないと、夕方作るのはムリって諦めていました。自分の手作り料理を、しかも出来たてが食べられるって、こんなに幸せなんですね！子どもも嬉しそうに食べてくれて幸せです。」と感激されていました。

このように、「行動のムダ」を魔法で消せば、食べる時の満足度も上がりますね。

あなたが本当に満足できる、ピッタリの時間の使い方が見つかりますように。

時短の魔法にかかったら

幸せエピソード「行動」編

ミールキットに頼らず、15分で手料理が！

夕飯前にお菓子をあげてしまったり、献立を考えるのが苦手で、ミールキットに頼って栄養面が不安でした。このままでは、復職後に子どもとの時間がなくなると焦っていました。
でも、週末30分のまとめ下ごしらえがとてもラクで、手作りのおいしいごはんを15分で3品作れるようになりました！子どもも野菜をたくさん食べるようになり、料理のお手伝いもさせてあげられるようになり、楽しそうな姿を見られて幸せです。付け焼き刃の対策ではなく、一生モノの時短ができて、本当に良かったです。

S・M様（2児のママ／育休中）

冷蔵庫を見て、パッと献立が浮かぶように

毎日イヤイヤ「作るしかない」と思って夕飯を作っていました。時間がなくて、週３日惣菜やミールキットに頼っても「食べたいモノないな・・」と虚しい気持ちでした。
今では、週末30分だけの「まとめ下ごしらえ」が本当にラクで、数年間ずっと続けています。冷蔵庫を開ければ「アレとコレ作ればいい！」と浮かんできて、毎日手作りが当たり前になりました。毎月５万円のムダな出費もなくなり、家族が手伝ってくれて、楽しく料理できるようになって嬉しいです。

K・S様（3児のママ／フルタイム）

家族へのイライラがなくなって、幸せ！

力尽きて寝てしまい、洗い物は夜中やる生活。食材は買い忘れる、腐らせる。ワンパターンの茶色い食卓。「がんばってるのに報われない」と孤独とストレスで空回りしていました。
でも、時短できたことで、惣菜に頼っていた頃より、買物〜完成までの時間が1/3に減りました！買物は週１回にまとめたら把握しやすくなり、冷蔵庫も頭もスッキリ。まとめ下ごしらえも、普通の「作りおき」と違ってラク！と感激しました。自分にブレない軸ができたことで、家族も協力してくれて、イライラしなくなったことが幸せです。

M・A様（３児のママ／フルタイム）

日常的に子どもとクッキングできる余裕が

朝からずっと「夕飯どうしよう・・」と憂鬱な毎日。ワーギャー騒ぐ子どもを見ながら作る夕方はイライラして、「絶対キッチンに来ないで！」と思っていました。
「２時間の作りおきはムリ」と思っていたけど、半調理のまとめ下ごしらえは、たった30分で9品も作れて、アレンジできて便利！人参を切るのも面倒だったけど、温めるだけ、炒めるだけで「スープできる！副菜できる！」と安心できて、惣菜に頼ることがなくなりました。諦めていた子どもとのクッキングも日常に。自分で作ると食べっぷりも良くて嬉しいです。

M・S様（３児のママ／フルタイム）

安心して育休復帰できて良かったです！

「このまま復職したらどうなるんだろう？」と怖くて、まったく考えられませんでした。１時間もかけてごはんを作っても「おいしくない」と喜んでもらえなくて、落ち込んでいました。
でも、まとめ下ごしらえをやったら、すごくスムーズにお料理できるようになりました！「家においしいごはんが待ってる♡」と思えて、仕事帰りも楽しみなんです。何より、子どもたちの「おいしい」の笑顔が見られることが幸せです。育休中に時短できて本当に良かったです。

J・S様（2児のママ／フルタイム）

ずっと献立に悩んでいませんか？

「朝からずっと、今夜のごはん何にしよう？と献立のことが頭から離れなくて。
毎日、夕方が近付くと、もう憂鬱でツラくて・・」

献立浮かばない問題は、ママの料理のお悩み№1です。
ずっと心が休まらないし、夕方が近づくと焦るし、ツライですよね。

ここで少し、思い出してみてください。
あなたは、１日何時間、献立に悩んでいますか？ザックリ平均で良いので、悩んだり検索したりする時間の平均を考えてみてください。

もし、あなたの答えが1時間だったとします。すると1年で365時間。
10年で３６５０時間。ナント！152日も献立に思考を奪われているのです。

30年なら3倍の465日。465日を365日で割ると1・25年になります。

これから30年間で、ナント1年以上も、「献立を考える」ことだけに、あなたの貴重な時間を費やすことになるのです。

凄まじい長さですよね。1年も自由があったら、世界旅行でも、資格の取得でも、何でもチャレンジできそうですよね！

貴重な人生なのに、もったいない！

けれど、これが現実に起こっていることなのです。

たくさんのママたちの声を聞いてきた平均値は、このくらいです。

●夕方キッチンに立つ時間…1時間

●献立・買物に費やす時間…1時間

「お料理を時短したい！」と思うと、つい「キッチンに立つ時間」を短くしたくなりますよね。

ところが実は、それと同じくらい、「キッチンに立つ前の時間」に、あなたの自由が奪われているのです。

あなたも「料理に時間がかかる以上に、今夜どうしよう‥って献立に悩んでる時間が、一番イヤ！」と感じていませんか？

これを解消するために、時短の土台【③習慣】を整えて、思考のパワーをほとんど使わずに、献立が決まるようになると、人生がガラリと変わります。

「夕飯どうしよう？」に思考を占領されていると、ホッと一息お茶を飲んでいても、心から安らげませんよね。

子どもと遊んでいても、心から向き合えていませんよね。

時短の魔法で「思考のムダ」を消せば、目の前の幸せを目一杯味わうことが叶いますよ。

「献立考えるの、もうイヤ！」を解決する方法

献立に悩む2大理由

それでは、ラクに献立が浮かぶためには、どうしたら良いのでしょうか？

まず、「思考のムダ」を消すお話に入る前に、大切なポイントをお伝えしておきます。

たくさんのお悩みをお聞きした経験から、**「献立が浮かばない」理由は、大きく2つあることがわかりました。**

A：短時間で作れない
B：家族の好き嫌いに困っている

Aを解消する方法は、時短レシピの検索ではありません。

「短時間で作れるようになる」のが、最も効果的で、ラクな近道です。

「毎日1時間かかっていたけど、同じメニューを15分で作れるようになった！」
こうなれたら、作れるレパートリーが一気に広がりませんか？
そのために必要なのが、時短の土台の【①環境】【②時間】を整えることです。

お客様のほぼ全員が、時短の土台【①環境】【②時間】を整えるだけで、夕方のお料理時間が半分以下になります。

これができると

「今日、帰りが遅くなったから、また炒め物しか作れない」のマンネリから抜け出せます。

Bの好き嫌い問題は、お子さんが食べやすいレシピやアレンジ、食べやすくする工夫などもできないと、解決が難しい複雑な問題です。

でも、諦めないでくださいね！

ポイントをお伝えします。

（1）形やサイズは食べやすいか？

（2）お口の中でモゴモゴしないか？

（3）香りにクセがないか？

お子さんをよく観察しながら、このようなポイントを改善すると、好き嫌いでレパートリーが限定されてしまう問題も解決します。

例えば、お口の中でしっとり食べやすい、長持ち下ごしらえの肉や野菜は、このすべてを解決してくれることが多いです。

特に子どもは、大人に比べてまだ唾液の量が少なく、咀嚼力も弱くなっています。「お口の中は、どんな感じかな？」と想像してあげると、改善につながりますよ。

「献立が浮かばない」に悩んでいたら、

A：短時間で作れない

B：家族の好き嫌いに困っている

まず、この2大問題を解決してみてくださいね。

ちなみに、好き嫌い問題解決は、何度もお料理を出し続けて、お子さんがその食材と「仲良くなる」必要もあります。

そのために必要なのが、ママの時短力。

長時間かけて作ったお料理を残されると、「もうイヤ！」となって、二度と作りたくなくなりますよね。

でも、たった15分でパパッと3～4品作れるようになると、気持ちが変わります。「ま、今日は残しちゃったけど、そのうち食べるでしょ」と気楽に作り続けることができますよね。

ママが負担なく作り続けるためにも、時短が味方になってくれますよ。

献立を考えずに済む「魔法のリスト」

さて、ここからが「思考のムダ」を消す、時短の魔法の本題です。

「献立に悩む2大理由」が解決しても

・レシピ、どこいったかな？

・今夜、何作ろう？

・買物、何しよう？

買物～メニュー～レシピという この一連の流れの中で、いちいち悩んで立ち止まるのは、大きなストレスですよね。この面倒なコトを一切考えなくて済むために、「魔法のリスト」を作るお手伝いをしています。

それは「メニューリスト」「買物リスト」「レシピリスト」の3つです。

ただ単にリストを作ればいい、というわけではなく、一人一人、自分の思考にピッタリ合ったリストにしないと、意味がありません。

魔法のリスト作りで大切なポイントは

✔いちいち考えたり、思い出したりしなくても
✔買物～メニュー～レシピを
✔パッと浮かぶようにしておく

ということです。

かと言って、毎週、毎月、同じ食材を買ったり、同じメニューを続けるというわけではありません。「自由に選べるけど、即、決まる」という、自分にとってベストなバランスでリストを作ることで、料理がラクに楽しくなるのです。

このリストが完成した皆さんは

「今まで、買物前に献立を決めるのに1時間かかったり、買い忘れたりしてイライラして憂鬱で仕方なかったんです。でも、ノープランでスーパーに行っても、サクッと買物できるようになりました。気分に合わせて献立がパッと決まるし、作る時にレシピを探す必要がなくなって、頭が解放されました！」と、スッキリした笑顔でおっしゃいます。

いつもあなたの思考を占領しているノイズを、一目でわかるように「見える化」して、頭をスッキリ！してくださいね。

あなたの思考は、人生そのもの。

時短の魔法で「思考のムダ」を消し去って、目の前の大切な時間を味わえますように。

「あったら便利かも」があなたを苦しめている

昔の私の冷蔵庫、実はギュウギュウパンパンでした。

しかも、「食材が足りなくなることがないから、私って賢い！」と思い込んでいました。でも、これは大きな間違いだったと、痛感しています。


あなたの冷凍庫・冷蔵庫には、何割くらいモノが入っていますか？

私は昔、冷凍庫も冷蔵庫も９～10割でした。


でも、古い野菜がダメになるし、新しい食材は新鮮なうちに使えないし、献立もなかなか浮かばないし、ガッカリすることや、ムダがとても多かったのです。

特に冷凍庫は、「時間が止まる箱」と感じるので、とりあえず冷凍庫に入れておけばいいや！と油断しがちですよね。

「いつ買ったモノかわからない、白骨化した食品が地層のようになって、奥底から出てきました」という悲鳴をよく聞きます。

目安として、「冷凍庫は1ヶ月」「冷蔵庫は1週間」すべて使い切って、回転するリズムができると、モノが滞ることがなくなります。

すると自然と、献立も決まりやすくなります。

それはなぜでしょうか？

冷蔵庫を開けただけで「コレを使えばいい！」と食材が勝手に目に飛び込んでくれるので、あれこれ考えるムダがなくなるからです。

✔本当に使いたいモノが
✔すぐに使える状態で
✔一目で見やすく収まっている
こんな冷凍庫・冷蔵庫は、私たちに「余裕」をプレゼントしてくれます。

例えば、お客様たちに人気が高いレシピは、肉味噌やそぼろ、一口サイズのつくねやハンバーグなどを冷凍したものです。

レンチンしてすぐに食べられたり、残り野菜と一緒に炒めるだけで、すぐにメインが完成します。

これが時短の土台の一番上、【④余裕】になります。

迷ったり、考えたりする「思考のムダ」がなくなることで、頭が軽くなり、時間からも解放されますよ。

時短の魔法にかかったら

幸せエピソード「思考」編

悩んでいた献立、5分でひらめくように！

家事が苦手すぎて、毎日レシピ検索に30分、買物に1時間、膨大な時間がかかり、このまま復職したら子どもに優しくできない！と悩んでいました。
今では、買物も料理も、15分で終わるように！自分に合った「リスト」を作ったことで、買物・献立を考えなくて済み、生活が一変しました。「今日コレ作ろう」と5分でひらめくようになり、ワクワクキッチンに立てています。時短の土台を積み上げたことで、子ども・仕事・自分の時間が増えて、新しいことにもチャレンジできるようになって、大満足です！

M・K様（2児のママ・フルタイム）

買物・献立に迷わず、料理が楽しくなった

ミールキットを使っても「次何しよう・・」と迷い、１時間半もかかる日々。せっかく作った料理も食べられないほど、カラダも心も疲れ果てていました。
でも、リストなどで、すぐにおいしく作れるメニューを一目で見つかるように整えたら、買物・献立に迷わずに15分で4～5品作れるようになりました。頭の中が整ったことで、こんなにお料理がラクで楽しくなるなんて、驚いています。レシピ検索だけでは絶対に叶わなかったので、「時短の土台」を味方につけられて、本当に良かったです。

M・T様（１児のママ・起業家）

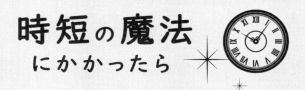

夫婦の亀裂が信じられないほど、円満に！

2人目の産後、本当は休みたいのに「自分でやった方が早い」とキャパ250％でがんばって、ついに夫婦に亀裂が。3時間かけても作りおきしても、品数が少なく、マンネリにも嫌気が。

今は、料理に悩む時間がほぼ0分になりました。リストで頭が整理されて、買物に迷わず、ムダ買いもなくなりました。夕飯も10～15分で作れるように！夫と仲良く家事シェアできて、素直に対話できる転機になりました。「何であんなに重いものをしょっていたんだろう？」と不思議に思うほど、心が軽くなり、料理がラクな習慣になりました。

Y・I様（2児のママ・育休中）

買物も料理も1/3に時短できて、楽しくなった

２日分の献立と買物だけで１時間半もかかり、「また買物か・・」とうんざり。料理が大キライでした。新しいレシピにチャレンジする気力もなく、夕方が憂鬱でした。

でも、買物前にリストを見るだけでパッと決まるようになり、買物時間が1/3に減りました。頭の中が整理されたら、３～４日分の献立も、季節・気分・家族のリクエストに合わせて、ポンポン浮かぶようになって、料理も大幅時短。以前は諦めていた、子どもとキッチンに立てる余裕までできて、「料理ってこんなに楽しいんだ！」と感じられて幸せです。

M・H様（2児のママ・パート）

4年間で2500時間も得して、ビックリ！

一日中立ち仕事をして、帰り道にレシピ検索。「アレがない！」とスーパーに寄り、夕飯が完成するまでトータル2時間。

ヘトヘトに疲れ果てて、料理の味がしませんでした。

でも、冷蔵庫や頭の中がスッキリ整理できたら、買物は週2回、自動的にできるように。食べたいメニューが一瞬で浮かんで、15分で一汁三菜、彩り豊かなごはんがラクにできています。

ナント、4年で2500時間も得していました。夫が「ごはん豪華だな～、早いねぇ！」と喜んでくれて、夫にも料理を教えられる自信もついて、笑顔があふれる毎日が嬉しいです。

H・S様（１児のママ・フリーランス）

目先のラクより、一生モノのゆとり

時短4つの土台は、【①環境】【②時間】【③習慣】【④余裕】です。

1段目から順番にお伝えしてきましたが、いかがでしたか？
時短の魔法で「モノ」「行動」「思考」のムダが消えると、こんなに家事や人生がラクになるのか！と感じていただけていたら、嬉しいです。

15分で夕飯が作れる！

この夢のような暮らしを、時短レシピなどの「インスタントな情報」だけで叶えるのは、難しいことは、少しずつお分かりいただけたかと思います。
ここで、私の人生のバイブルの「7つの習慣」という本のお気に入りのエピソードをひとつご紹介します。

森の中で、必死で木を切り倒そうとしている人に出会ったとしよう。

「何をしているんです？」とあなたは聞く。

すると男は投げやりに答える。「見ればわかるだろう。この木を切っているんだ」

「疲れているみたいですね、いつからやっているんですか？」あなたは大声で尋ねる。

「もう五時間だ。くたくただよ。大変な仕事だ」

「それなら、少し休んで、ノコギリの刃を研いだらどうです？ そうすれば、もっとはかどりますよ」とあなたは助言する。すると男は吐き出すように言う。

「切るのに忙しくて、刃を研ぐ時間なんかあるもんか！」


時短の魔法で、あなたを疲れさせる「3つのムダ」を消すのは、ちょっと地味に感じるかもしれません。

レシピのように、作ったその日すぐに、効果は出ないかもしれません。

けれど、一度「時短の魔法」をかけたなら、一生モノ。

確実にあなたのご飯づくりが、毎日、毎日、絶大な効果を感じるほど、ラクになります。


あなたもぜひ、時短の魔法で刃を研いで、スッキリしたキッチンでルンルンしながらお料理してくださいね。

効率良くまとめ下ごしらえした食材を使って、献立に悩まない、ゆとりある暮らしが叶いますように。

時短の魔法をかけるのが怖い？

「たしかに、時短の魔法をかければ、ゆとりが増えるってことはわかりました。でも、やっぱりレシピとかに頼らないと不安です」

そんな声が聞こえてきそうですが、その気持ち、よく分かります！

もちろん、良質なレシピを定着させることは大事ですが、大量の情報だけに依存してもラクになれないということは、お分かりいただけたかと思います。

それでも、「パパッと家事ができないと困る」と、ついついレシピなどの「インスタントな時短」に惹かれてしまいますよね。

真っ直ぐ立てなくて不安だから、どんどんおやつを食べて、暴飲暴食。

とりあえカロリーを摂って、どっしり安定させたくなる！

レシピを検索したくなる不安感は、こんな感覚に似ています。

でも実は、あなたに本当に必要なのは、ムダな贅肉を増やすことではありません。
カラダが重すぎて、不安定だから、真っ直ぐ立てないのです。
このグラグラな状態を解決できる、近道があります。

それは「ムダな贅肉」＝「3つのムダ」を見つけること！

では、あなたの3つのムダは、一体どこにあるのでしょうか？
今から40項目の「3つのムダ」チェックリストを一緒にやってみましょう。

「3つのムダ」チェックリスト

あなたに当てはまるのは？「10個中、何個チェック」がつく？

チェック①【キッチン】

- □ よく探し物をする
- □ キッチンにモノが多い
- □ 洗い物がいつも山積み
- □ モノの置き場が決まっていない
- □ よく賞味期限を切らす
- □ 掃除が億劫で、すぐに始められない
- □ 収納からモノがあふれている
- □ 汚れがたまって、料理のやる気が起きない
- □ 「鍋」「調味料」など、グループに分かれていない
- □ 料理中、何度も動きが止まる

チェック②【夕方】

- □ 夕飯づくりに1時間以上かかる
- □ 同じ作業を何度も繰り返している気がする
- □ 毎日、子どもにイライラしながら夕飯を作っている
- □ 副菜が思い浮かばず、結局作れない
- □ メインを作るだけで疲れてしまう
- □ 子どもも食べやすい野菜の調理に悩む
- □ 栄養バランスと時短を両立できない
- □ 野菜を茹でるなどの下ごしらえをしたことがない
- □ お肉の下味などをつけたことがない
- □ 時間切れで品数が1~2品減ってしまう

チェック③【冷蔵庫・食材】

- □ 冷蔵庫がグチャグチャで探し物ばかり
- □ しょっちゅう賞味期限が切れる
- □ スーパーの買物に1時間かかる
- □ 献立が決まらず毎日スマホ検索する
- □ 買い忘れやダブル買いによるロスが多い
- □ 献立をきっちり決めないと買物にいけない
- □ 今日の献立を決めるのに15分以上かかる
- □ 週5回以上スーパーに行っている
- □ 家族から「冷蔵庫のどこにある?」と毎日聞かれる
- □ 「メニューが浮かばないから惣菜」が毎週ある

チェック④【冷凍庫】

- □ 冷凍庫がパンパン
- □ 冷凍庫に半年以上いれっぱなしのモノがある
- □ とりあえず腐りそうなモノは冷凍庫に入れる
- □ 冷凍庫に何があるかわからない
- □ 下ごしらえした野菜が冷凍庫にたまっていく
- □ いつ入れたかわからないモノがある
- □ 下の方に入っているものが全然見えない
- □ 冷凍庫にたくさんモノが入っていないと不安
- □ いざという時、すぐ使える食材が入っていない
- □ お気に入りの冷凍食材がひとつもない

「3つのムダ」はココにあった！

チェックが多いところから、時短の魔法をかけてみよう

キッチン⇒【①環境】

☑が2個以下
素晴らしいです！あなたのキッチン環境はとても快適で、毎日時間を生み出してくれているようですね♪

☑が3~7個
自分に合った環境づくりの工夫ができていますね！苦手なところをひとつずつクリアすれば、さらにラクに♥

☑が8個以上
【①環境】にムダがあるようですね。お片付けをしたり洗い物をラクにする仕組みを作るとゆとりができます！

夕方⇒【②時間】

☑が2個以下
時間の使い方、下ごしらえのやり方がお上手です！パーフェクトを目指せば、さらにゆとりができますよ。

☑が3~7個
忙しい中で、時間のやりくりをがんばっていますね。下ごしらえなどで、さらに時間のゆとりを増やしてみて♪

☑が8個以上
【②時間】のムダを消してあげましょう。すべてを夕方やろうとせず、先取りでできるコトを見つけてみて♡

冷蔵庫・食材⇒【③習慣】

☑が2個以下
自分にとって快適なスタイルができていて素晴らしいです。さらにラクに食材を回せることを目指してみて♪

☑が3~7個
悩まずにお料理できるようにがんばっていますね！「買う→使い切る」を意識して、1つずつ仕組化してみて♥

☑が8個以上
【③習慣】のムダがもったいないようですね。献立や買物に毎日悩まないように得意なパターンを作ってみて！

冷凍庫→【④余裕】

☑が2個以下
使いやすい冷凍庫が、あなたの「困った」を助けてくれていますね。さらに嬉しくなるおかずを増やしてみて♥

☑が3~7個
余裕を増やせるように工夫されていますが、あともう一息！量より質重視で、中身を見直してみるとgood！

☑が8個以上
【④余裕】の少なさを改善すると良さそう。冷凍庫には、本当にすぐに使えるお助け食材だけに厳選してみて♪

あなたのムダは、どこにありましたか?

あなたの人生のゆとりを奪っている「ムダ」は、ぜひ早めに魔法でスーッと、消してあげてくださいね。

「時短の魔法」をかければ、一生モノのゆとりは、必ず手に入りますから。

あなたも一緒に、時短の魔法で快適な瞬間を、増やし続けましょうね。

第４章

時短アドバイザーの究極のルーティーン

1日1時間で家事が終わるポイント

ここまでお伝えしたように、私は今、1日の家事が1時間で終わるようになりました。

第4章では、私の今の暮らしを包み隠さずにご紹介したいと思います。

ズボラだからこそ、がんばらないスタイルになりましたが、決して特別なことはしていません。

自分を疲れさせる「モノ」「行動」「思考」の3つのムダを、時短の魔法で消しただけなのです。

とってもシンプルですよね。だから、あなたも同じようにできますよ。

自分と比べて、何がシンプルなのか？

どこに時短の魔法をかけて、ラクできているのか？

ぜひ、あなたの暮らしと重ね合わせながら、読み進めていただけたら嬉しいです。

時短の魔法で、家族も変わる

詳しいルーティーンをご紹介する前に、我が家の「家族」について触れておきたいと思います。

会社員の40代の主人・中学生と小学生の2人娘・私の、4人家族です。

現在、我が家の家事は4人で回っています。

●主人：お風呂掃除／家にいる時の食器洗い
●中学生長女：週末のアイロンがけ／週末の洗濯物たたみ
●小学生次女：夜の洗濯物干し／習い事がない夕方の洗濯物たたみ

結婚した頃はほとんど家事をしなかった主人ですが、子どもが生まれ、家事の一部を分担するようになり、冒頭で書いた「家出事件」をきっかけに、さらに協力的になってくれました。

今ではもう、言うことナシ！

何も言わなくても、買ってきたティッシュペーパーをストックの定位置に入れてくれたり、私が忙しい時は食器拭きを済ませてくれたりと、痒いところまで手が届くレベルになってくれました。

まさにパートナーとして、ありがたい存在ですし、主人には感謝してもしきれないほどです。

家出事件の頃は「家事は自分がやらねばいけない」と思い込み、自分で自分を檻に閉じ込めていたように思います。それは、「時短の魔法」を知らなかったから。

この頃の私は、時間の肥満状態で、家の中のモノ・自分の行動・思考が散らかり放題でした。

自分自身が散らかっていたので、家族と幸せに家事分担をできるイメージが、全く湧かなかったのです。

「うちの家族は、全然協力してくれない！なんで私ばっかり、毎日大変なの！」

その気持ち、よくわかります。

私も当時は、同じ想いがカラダの中で渦巻いていたので。

見た目は笑顔でも、心の中では、毎日、ずっと何かに怒っていましたから・・・。

でも今は、「やれる人がやればいい！」とシンプルに思えるようになりました。

心がとても穏やかで、家族に対してイライラすることがなくなりました。

（子どもたちが部屋を片づけない時は、しょっちゅう注意していますが、それは子どもの問題なので、生温かく（笑）見守っています）


時短の魔法をかけて、自分もラク！家族もラク！になったことで、家事を担う人数が「自分1人だけから家族4人全員」と、飛躍的に時短できる土台が整ったのです。


家族を変えることは難しいですが、あなたが時短の魔法をかけることで、家族が協力しやすい環境は作れますよ！

希望を持ってくださいね。

1日のルーティーン

「時短の魔法」のおかげで、日々の家事を家族が当たり前にやってくれるようになりました。

私自身も、ごはんづくりが短時間できるようになったことで、ゆとりのある毎日を送れるようになりました。

標準的な私の1日の時間割がこちらです。朝家事15分は、まったくやらない日もありますし、私が夕方、洗濯物をたたむ日もありますが、平均してこんな流れです。

6時　起床・布団の中でストレッチ（主人がシャワーを浴びながらお風呂洗い）
6時25分　朝食づくり（5分）
6時30分　朝食
7時　洗い物（5分）洗濯物たたみ（5分）
7時10分　メイク・子どもと会話・スマホ&手帳チェック

7時35分　プチ掃除(掃除機＋1か所)(5分)
7時40分　子ども送り出し
7時45分　朝LIVEの準備
　　　　　or　朝家事（しっかり掃除　or　洗濯　or　まとめ下ごしらえ15分）
8時　朝LIVE　or　朝ヨガ　or　仕事
9時　仕事
11時30分　昼体操・昼食づくり(5分)昼食・昼寝
13時30分　仕事
17時　お風呂(次女が洗濯物たたみ)
17時45分　夕飯づくり(15分)
18時　夕飯・晩酌
19時　SNS発信・LINEサポートなど
19時55分　主人の夕飯準備　or　洗い物・キッチンリセット(5分)
20時　読書・ストレッチ(次女が洗濯物干す)
21時　就寝

家事負担が一番大きいお料理が、1日トータル約30分でできる。
家族が、洗濯やお風呂掃除などをやってくれる。
このおかげで、私は本当に毎日1時間しか家事に拘束されずに済むようになりました。

この時間割だけでは見えてこない、それぞれの時間帯の詳しい様子と、気持ちの変化をご紹介してきますね。

朝ごはんづくりのルーティーン

朝は、とにかく時間との勝負！

でも、朝ごはんをしっかり食べて、子どもも自分も、、ベストパフォーマンスを発揮できるように、１日をスタートしたいですよね。

私は、朝ごはんは5分ほどで4品出すルーティーンです。

「たった5分で朝ごはんを作るなんて、ムリ！1品レンチンしたら終わります・・」と聞こえてきそうですが。

実は、仕組みさえできていれば、意外といろんなことが出来るんです。

我が家の朝ごはんパターンは、ほぼ決まっています。

①ごはん（たまにパン）

②野菜（汁物。前日多めに作り温めるだけ／または下ごしらえ野菜をソテー）
③たんぱく質（主に卵。オムレツや目玉焼きなど／または汁物に肉・豆腐・豆入り）
④果物（みかん・りんご・いちご・スイカ・ぶどうなど、季節ごとに）

例えば今日の朝ごはんはこちらでした。

①雑穀米（冷凍をレンチン）
②豚汁／ブロッコリーのソテー
③オムレツ
④りんご

流れとしては
(1)汁物やごはんを温めはじめる
(2)野菜や卵をフライパンで加熱する
(3)合間に果物を用意して、盛り付ける
たったこれだけです。

キッチンがリセットされていて、使うお皿も決まっていて、動く流れも決まっていれば、難しいことはありません。果物以外には、包丁まな板を使わないので、作業スペースはほぼ盛り付けだけに、広々と使えます。

仕上げながら、どんどん盛り付けていくだけです。

もちろん365日、いつもこのパターンではなく、煮物などが前日に残ったら、それをいただく日があったり、レンジで温野菜を作る日もあります。

でも、いずれにしても何かしら「下ごしらえ」をしてあるので、ほぼ包丁を使う必要がなく、いつも同じ流れで完成しています。

「時短の魔法」でムダを消したことで、カラダが勝手に動いてくれます。

・ムダな「モノ」がなく、サッと動ける環境が整っています。

・下ごしらえ野菜や計画的に汁物を作っておくことで「行動」のムダもありません。

・基本パターンが決まっているので、ムダな「思考」も使わずに済みます。

朝ごはんの見通しが立っていると、直前までたっぷり寝ることもできますし、体操をしてシャキッと目覚めることもできますね。

ぜひ一緒に、慌てない朝のスタートを切りましょう！

朝掃除のルーティーン

「一生、掃除しなくていい家にしたい！」

10年前に強く決意したのですが、やはり、生活している限り、掃除をしないと汚れは溜まるよね・・と諦めました。


でも、ズボラな私、タダでは諦めません。

「トータルで一番ラクするには？」と、何年も様々なパターンを試しました。

その結果、毎朝2分、マキタのスティック掃除機で家中をサッと掃除。

残り3分で、気になる場所（トイレを中心に、洗面台・キッチン・玄関など1～2か所）を日替わりでサクッと掃除するのが良いと分かりました。


床にモノがあるわけでもなく、ただ掃除機を持って歩くだけなので、とてもラク。

小学生の次女が登校前にヒマそうな時は「ちょっと掃除機かけておいて〜」と言うと、動いてくれることも。

ちなみに、在宅で仕事をする私にとって、ルンバは稼働時間が長過ぎて邪魔なので、手放しました。

2分で済むからこそ、ズボラな私でも気楽に続けられています。

このくらい、汚れを溜めず、短時間でチャチャッとやるのが、自分に合っていることが分かりました。

月曜日だけは、少し丁寧に家のリセットをすると決めているので、朝家事タイムの15分で、掃除をすることが多いです。

リビングが仕事場でもあるので、家全体がスッキリしているとモチベーションも能率も運気も、UPするのが実感できます。

逆に、ちょっとでも汚れを溜めると、やる気が下がるので、パフォーマンスを上げるために、朝5分だけリセットしよう！と、この形に落ち着きました。

ズボラだからこそ！の超ラクチンスタイルです。

それに、朝、窓を開けて掃除すると、「良い朝が迎えられたな〜」とカラダも清々しくなる感覚が、とても幸せなのです。

掃除は面倒だし、一生マメにはなれないけど、掃除がもたらしてくれる恩恵を感じられるくらいには、心のゆとりができたな〜と、嬉しく感じています。

朝のまとめ下ごしらえのルーティーン

「夕方時短するなら、まとめしたごしらえがオススメ！」と3章で紹介しましたが、**私の場合、仕事が一番忙しい週末にやる必要がないので、平日朝、週2回ペースでやることが多いです。**

特に予定のない朝に、朝ごはんの洗い物のついでにやる流れが、とってもラク。

「今日から数日は仕事が忙しくて、ヤバい・・絶対に、夕方ゼロからお料理する気力なんてナイわ・・」という時こそ、絶対にやっておく良い習慣になっています。

3日間は包丁・まな板をほとんど使わなくて済むように、肉・魚・野菜を、長持ちする状態に下ごしらえしておきます。慣れれば、15分で6品ほどできます。

子どもたちが大きくなって、塾や習い事の時間が毎日バラバラなので、夕飯を完成させるリミットが、子ども都合になってきました。

子どもが幼かった時は「グズるから早く作らなきゃ〜」でしたが、大きくなっても「出かける時間が決まってるから、早くしなきゃ〜」と、むしろ強制力が強くなっています。

夕飯時間に追われるのは、子どもが大学生になるくらいまで、ずっと続くのかもしれませんね。

でも、サッと使えるまとめ下ごしらえが冷蔵庫にあるおかげで、夕飯を出さなくてはいけない15分前まで、私はリビングで仕事に没頭していても、安心できるようになりました！

仕事の後すぐに、温かくておいしい出来立てのごはんが食べられる！

あぁ、なんて幸せなんでしょう。

何より、慌てなくて済むって、とても心強いのです。

ストレスがないから、心も疲れない。

私は、家族と囲む温かい食卓は大好きですが、子どもの健康を守るために一汁三菜を作っている感覚はほとんどなく、自分が食べたいから作っています。

忙しいからといって、品数が減ると、満足感が感じられなくなり、その分デザートをドカ食いしたり、次から次へと何か探したり作って食べてしまうくらいなので、不健康まっしぐら・・・。

こうなると、もう仕事に集中できる元気なカラダではなくなります。

下ごしらえがある安心感は、食いしん坊の私にとって、かなりご加護のあるお守りになってくれているわけです。

それをたった15分で叶えてくれるから、続けたくなる!止められない!

短時間で出来高を増やすやり方、やっぱりズボラにピッタリだな〜と実感しています。

朝の自分時間

小さな幸せの儀式

小学1年生の頃の私の夢は「お母さん」か、「お花屋さん」になりたい、でした。
当時、子どもながらに、つまらない夢だな〜と思いつつも、自分の中にそれ以外に浮かんできませんでした。

40代になった今、子どもを持つ母として、家族と過ごすかけがえのない時間や、時短サポートを通じて、幸せなお母さんを世界中に増やすお手伝いができていることを心から誇りに思っています。

また、私の人生に、花や緑もまた、特別に幸福感を与えてくれています。
今はもう習ってはいませんが、大学時代に生け花を習い始め、今ではリビングにグリーンや花が欠かせなくなりました。

私にとって、花は食材と同じで、香り・感触・見た目で「生（せい）のエネルギー」と「季節の歓び」を与えてくれる、かけがえのない存在なのです。


朝、子どもを送り出して、家のリセットが終わると、仕事に入る前の儀式として、グリーンに霧吹きでシュッシュッと水をあげるのが、日課になっています。

まるで、自分の心もみずみずしく潤う感覚になり、「よーし！今日もいい仕事するぞ！！」とパワー満タンになって、とても心地良いのです。

最後に、お気に入りのヒノキのルームスプレーを、自分の上から魔法のようにパ～っと振りかけて、朝の神聖な儀式、完了です。


実はコレ、たった1分あれば、できることなのです。でも、「やらなくてもいいことに1分かける心の余裕」をとることが、忙しいママにとっては難しく感じませんか？

あなたが欲しい時間は叶う

「時短できたら、あなたは何がしたいですか？」

よく、いろんな場面でこの質問をするのですが、その中で**意外と多いのが「ともみん先生みたいに、部屋にグリーンや花を飾りたいです」という声です。**

グリーンも花も、５００円あれば買えますが、買うだけなら、誰でもすぐ出来るはずなのに、先送りにしてしまう人がすごく多いのです。

それはなぜでしょうか？

１つは、花を飾っても映える部屋ではないから。

２つめは、お手入れする「心の余裕」がないから。

実はこの２つとも、時短の魔法で解決できるのです。

まず、リビングの要らないモノを消してしまいましょう。一気に、グリーンが映える空間に変わります。とても気分が良くなり、家事も仕事もはかどります。

お手入れに手間をかけたくない人は、丈夫なグリーンがオススメ。

「フィカスシャングリラ」「ペペロミアイザベル」は、1週間に1回の水やりでも大丈夫。

これまで数々のグリーンを枯らしてきた私でも、5年以上元気に部屋を彩ってくれています。

バタバタ忙しい時に、気合いで花やグリーンを育てようとしても、なかなか続かないですよね。

でも、「時短の魔法」で先にゆとりが手に入っていれば、余力でいくらでも手をかけてあげられます。

何より、美しい風景を見て、あなた自身が幸せを感じることができるって、素敵なことですよね。

きっと、みんなが欲しいのは、「花」ではなく「花を眺めてホッとするゆとり」なんだろうなと感じます。

私は、今のリビングがとても気に入っています。

ズボラでも、緑のあるゆとりある暮らしは叶えられますよ。

ちなみに、今の私の夢は、自分の畑で育てた季節の野菜で料理をしたり、庭から摘んできた草花をサラリとリビングに飾ったりすること。

こんな風に、地味だけど、自然を感じながらのんびり暮らしたい。

本当は、畑が欲しいけれど、私のズボラ度では、畑を耕して苗を植えることすら、できなそうです・・・。

ですから今は、都会の隅っこのマンションのベランダで、小さなプランター菜園をやっています。

手のかからないオリーブやハーブ、夏&冬野菜を入れ替えながら、合計6個。

このプランターの数が、今の私のキャパに収まる上限のようです。

それでも、ベビーリーフやハーブを朝摘み採って、お料理にサラリと添えるのは、極上の贅沢。

お花屋さんを目指した小学生の私よりも、小さなことで幸せいっぱいになっていま す。自分のキャパに合わせて、ムリなく快適に暮らす。

時短の魔法で生まれた余白は、とても小さいけれど、私が欲しかった豊かな時間を叶えてくれています。

夕飯づくりのルーティーン

完成までの見通しがたっていれば、怖くない

「ヤバい、今日も夕方がやってきてしまった！夕飯、何作ろう・・」

17時ごろ、多くのママが感じる憂鬱だと思いますが、今の私は、やっとこのモヤモヤを感じることがなくなりました。

暗黒のワーママ時代の私に教えてあげたい！

「15分で作れる見通しが立っていれば、夕飯づくりは怖くないよ！」と。

最近、夕方になってから、献立を考えることは、まずありません。下ごしらえをしたことで、「アレもコレも、5分以内でできる」と、いくつもメニューが浮かんでくるので、頭を悩ます必要がなくなったのです。

この解放感と安心感は本当に大きくて、人生が変わったと感じています。

その分、逆に、野菜が丸ごと冷蔵庫に入っているのを見ても「え？今から、この大きなキャベツを出して、洗って、切って、炒めて、調味料混ぜて、やるの？えっ私が？・・・ムリ！面倒！見なかったことにする！」となります（笑）

今はもう、15分でできることしか、やりたくありません。

時短の魔法のおかげで、「時間・思考の組み立て」が、自然とできるようになったので、ゼロからお料理をする必要がなくなり、料理ストレスを大幅に減らしてくれました。料理が昔よりもずっと楽しく、気楽になりました。

（レストランの一流シェフのような本格的なお料理は作りませんが、昔、時間をかけて作っていた時より、おいしさもずっとレベルアップしています）

「15分で夕飯完成」の流れ

例えば、ある日15分で作ったのは、こちらの4品です。

・3色そぼろ丼（そぼろ・卵・枝豆）
・カブと油揚げのみそ汁
・大根の皮のじゃこきんぴら
・ブロッコリーとレタスのサラダ

まとめ下ごしらえで、大根の皮・レタス・ブロッコリーはすぐに使える状態になっています。

①カブのみそ汁を作り始める／そぼろを作る
②大根の皮のじゃこ炒めを作る／次に同じフライパンで炒り卵を作る

③サラダを盛り付る

「15分でやっている流れ」としてまとめると、このようになります。

●0~5分
汁物を沸かし始める（具材はスキマ時間に切る　ｏｒ　下ごしらえ活用）
メインを加熱しはじめる（肉・魚は切ってある）

●5~10分
下ごしらえ野菜から、副菜を2品作る（和える・炒めるなど）

●10~15分
仕上げ・盛り付け・配膳

この流れだけを見ると、「そんなに早く作れないよ」と驚くかもしれません。

しかし、ここまでお伝えしたように、「時短4つの土台」を1つずつ積み上げることで、「モノ」が減って動きやすい環境になります。

まとめ下ごしらえで夕方の「行動」のムダがなくなり、献立や料理の迷いがなくなって「思考」のムダもなくなると、このようにスムーズに動けるようになるのです。

実際に、15分で作れるようになったお客様たちも、皆さん同じ流れで動いています。

ラクに同時並行できる条件さえ揃っていれば、大丈夫。

実は、15分で3〜4品ごはんを作るのは、決して難しいことではないのです。

「15分で作れるレシピ」は、もちろん役立ちます。

でも、それ以上に「普通なら1時間かかるレシピだけど、15分で作れる時短力」の方が、万能で一生使える！と実感しています。

夜のルーティーン

どうしても欲しかったリセットタイム

「椅子に座って、ゆっくりお茶を飲む時間が欲しい！たった15分でいいから・・」


時間の肥満状態だった時の私が、叶えたくても叶えられなかった、心の叫びです。

結局、暗黒のワーママ時代の間、1度も叶えられませんでした。

忙しいママにとって、夕飯・お風呂を終えて、寝る前の最終戦は、果てしなく長く感じる、ツライ時間帯ですよね。


毎日、本当におつかれさまです。

過去の私も、本当に毎晩、がんばっていました。すごく苦しかったな・・・。

がんばるあなたのこと、昔の私のこと、ギュッとハグしてあげたい気持ちです！

でも今、あんなにツラくて仕方なかった寝る前の時間帯が、癒しの時間に変わりました。

19時に夕飯を終えて、21時に寝るまでの2時間、ほとんど家事がありません。

洗い物などのために、キッチンに5分立つだけ。

（ちなみに主人は、仕事で帰りが遅く、夕飯は食べても軽め。急に帰ってきても、冷凍ストックや下ごしらえから、野菜を中心に1〜2分でサッと出せるようになっています。そして、自分が食べた時はみんなの洗い物もしてくれるので、私はむしろ楽ができるのです。いつもありがとう。）

それ以外の時間は、ゆっくり座って、その日のうちにやっておきたいスマホ仕事を終わらせ、ゆっくりストレッチや読書をできるようになりました。

ゆとりのある日は、2時間丸々、ＹｏｕＴｕｂｅで音楽を聴きながら、ゆるゆるとヨガをしたり、未来のワクワク予定をじっくり立てたりする日もあります。

「毎晩2時間なんて！そんな時間、とても生み出せません！」と思いますよね。

私も、たった15分すら作れなかった人間なので、その気持ち、とてもよく分かります。


でも今は、急いで行動することもなく、普通に暮らすだけで、この2時間が作れるようになりました。きっと、過去の私に話しても、全く信じてくれないでしょう！

「夢でも見てるの？頭、大丈夫？」と言われそうです・・・。

夜、ゆとりが生まれた理由

なぜ、こんな夢のようなことが叶っているのかというと、理由は大きく3つです。

（1）次女が毎晩、洗濯物を干してくれる
（2）夕飯作りの洗い物が少なく、キッチンリセットがすぐ終わる

（3）夕方以降に持ち越す家事がない

寝る前にバタバタしていた昔の自分を思い返すと、この真逆でした。

(1)洗濯物は自分が干していた(15分)
(2)洗い物がたくさん、キッチンも乱れ、汚れも蓄積(10分)
(3)寝る前に、翌日の「時間移動の下ごしらえ」をしていた(30分)

これだけで、約1時間、ムダにかかっていたことがわかります。

さらに、家中の動線も、今のようにスッキリしていなかったので、ひとつひとつの動きにムダがありました。

何より、一日の疲れがカラダの芯まで浸み込んでいる、この魔の時間帯。何をやっても気力は湧かない、頭は働かない、スピードも上がらず、心が凍り付いていくのは当然のことでした。

「急ぐ」という意味では、過去の私の方が10倍以上、急いでいました。

正確には、心がせかせかしていただけで、スピードはきっと遅かったんだろうな、と今なら思います。


この頃の私は時間の肥満状態だったから、速く走っているつもりでも、全然加速できなかった。

でも、体力だけは使うから、とても疲れる。いつも息切れ。


それでも今は、「時短の魔法」をかけたことで、私の時間はとてもスリムになりました。

私を疲れさせていた、「モノ」「行動」「思考」のムダが、消え去りました。

しなやかに、ただ歩くだけで、やるべきことが完了していきます。

あるお客様も
「昔は、時間に追われて『やらねば・・』と辛くて、重い。今は、軽い。人生がまったく変わりました」と表現されていました。
そうなんです。ただただ、軽いのです。
がんばる必要がないのです。

「自分時間」は、過去の私のように、がむしゃらに時間と闘っても、生まれません。
魔法をかけて、ムダな重荷を消してしまえば、あなたのゆとりは勝手に広がりますよ。
それが、あなたの自由な時間の増やし方です。

週末のルーティーン

1週間単位でムダを減らそう

慌ただしい平日を、効果的に時短しようとしたら、「1週間単位」で効率良くする工夫も、とても効果的です。

あなたは、毎日スーパーで買い物をしているでしょうか？

私は週末1回で、1週間分の買い物を済ませています。

「家の目の前にスーパーがあるので、つい毎日行っちゃうんですよね」という方が、結構いらっしゃいます。

実はコレ、かなりもったいない「タイムロス」です。

スーパーの往復だけでなく、店内を回り、レジに並び、家に帰って食材を収める。

この一連の流れで15分以上かかりますよね？

そう、15分もあったら、夕飯が作れちゃいます！（笑）

この買物のムダ時間を、魔法で消してみると、1週間で1時間〜3時間、時短できる方が多いではないでしょうか？

ムダな出費も抑えられるので、ぜひチャレンジしてみてくださいね。

「でも、献立が決まらないと、買物ができないんです」と、よくご相談いただきます。献立決まらない問題の解決は、とてもハードルは高いです。

これは、時短サポートをしていても、人それぞれ「献立が浮かばない理由」が違うので、この根っこから解決するしかありません。

「時短の魔法」を確実にかけるには？

「時短の土台」は、下から順番に積み上げることが大切です。

残念ながら、上の段だけ改善しても、空中分解するかのように、すぐにリバウンドしてしまうのです。

長年サポートさせていただく中で、**「下から順番に、魔法をかける重要性」がよく分かってきました。**

献立のお悩みは3段目なので、かなり上の方です。

まず、一段目の【①環境】。

キッチンや冷蔵庫の「ムダなモノ」を魔法で消して、自分に本当に必要な食材の種類・量を把握する。そうすると、頭もクリアになります。

キッチンにモノが多いまま、買物・献立・お料理が大幅に時短できるようになった人を、私はまだ知りません。

次に、二段目の【②時間】。

まとめ下ごしらえや、レシピの定着で、サッと作れるレパートリーを自分の中に持っておく。（ここまでお伝えしたように、自信をもって作れるメニューに昇格させせないと、永遠に献立・買物に迷います）。

時間の見通しが経つことで、「このくらいの食材を使いこなせそう」と、適量も見えてきます。

夕飯づくりに時間がかかっている人で「作る予定だったけど、面倒で惣菜にしちゃったから、食材が余って腐らせちゃった」という方がとても多いです。

これはまさに【②時間】の土台が整っていなくて、右往左往している状態なのです。

このように【①環境】と【②時間】が整って、次にようやく、献立に悩まない【③習慣】が整います。

食材に関わる、「献立、どれにしよう？」「買物、何買おう？」は、まさに「思考のムダ」の部分。

いきなり３段目をやろうとしても、すぐにリバウンドしてしまい、買物の回数を減らすことは難しくなります。

「献立に悩むから、買物できない」という方は、急がば回れ。
ぜひ、時短の土台の一段目から、丁寧に魔法をかけていってくださいね。
ラクチンへの道は、ちゃんとつながっていますよ。

「買物は、一週間単位でまとめるから、効率が良くなる」
まとめ下ごしらえも、同じことがいえますね。

週に何度も、「同じ行動」を繰り返す必要はないので、週1～2回に減らして、時短していってくださいね。

毎月の幸せルーティーン

さて、せっかく時間が生まれたなら、本当にやりたいことを「先どり」でスケジュールを入れてしまうのがオススメです。

我が家で最近、毎月のルーティーンにしているのが、主人とのグルメディナーデート。

2人とも、おいしいものが大好き。生き方や働き方についてじっくり語り合いながら、おいしいお料理に舌鼓を打つ時間は、とても心が満たされます。

数年前までは、一年に3〜4回行ければいいね、と目標を立てていました。

しかし、ここ数年、お互いに仕事もプライベートも予定がいっぱい。特に週末がとんでもなく忙しくなり、「もっと2人の時間が必要だ！」となりました。

普通なら、「忙しいから、デートの頻度、減らそうか」となると思いますが、私たちは、逆の選択をしました。


夫婦は、家族の柱だと思っているので、ココが揺らいだら家族も揺らぐ。

最優先で、2人の時間を作ろう、と。


また、自分がいつも満たされていなければ、お客様にパワーを還元できないと思っているので、これはお客様へのマナーとしても、より大切にしなければと思ったのです。


ここで、主人がナイスな提案をしてくれました！

「毎回、デートが終わったら、次の予約を取れば、毎月行けるんじゃない？」と。

たしかに！

不確定な予定もたくさんあるので、諦めかけていたのですが、どうしても外せない予定が入ってしまったら、予約日を変更すればいいんだもんね、と。

そこから**ずっと、おいしい懐石・お肉・お魚・異国料理など、毎月デートを続けられてい**

ます。

もちろんこれができるのは、子どもたちが、笑顔で送り出してくれるから。「ママとパパ、今週デートしてきていい？」と聞くと　「よっしゃー！いいよ！ぜひ！」と追い出される始末です（笑）

簡単なおかずを用意したり、下ごしらえ野菜を使って自分たちで炒め物やサラダなど1～2品作ってもらったり。普段は食べられない惣菜を食べられる！と、喜んで近所に買いに行ったり・・・と自由にしてもらっています。

私と同じくズボラな娘たちなので、キッチンのリセットは、日によってまだムラはあるものの、洗い物や洗濯は確実に済ませてくれるようになりました。出かけるために、自分に負担がかかるストレスがないのが、とにかくラクで助かっています。

先日も、私一人で6日間、海外に出かけることができました。

子どもたちとパパ３人で留守番をしてくれて、「もっと長く出かけても良かったのに」と、帰宅した私を迎えてくれました（笑）

こうやって少しずつ、子どもの自立の準備をするにもいいチャンスだな、しめしめ、と思っています。

家族が勝手に動ける環境なら、ママ一人ががんばらなくても、家族みんなの自由と自立が叶うんだな、と実感中です。

季節のルーティーン

掃除が好きじゃない、ズボラな私を助けてくれている、季節のルーティーンがあります。

それは「春&秋の大掃除」。

「大掃除って年末にやるよね?」というイメージがあると思うのですが、実は冬にやるメリットは、何もないんです。

寒くてやる気が出ない・油が固まる・窓は開けられない・・・

なけなしのやる気を、奮い立たせられる、気がしない・・(笑)

ところが!春や秋なら話は別です。

暖かく動きやすい・油が緩んで落ちやすい・窓を開けて気持ちいい

「お!これなら私でもできそう。」ということで、毎年、梅雨入り前の5月と、冷房シーズンが終わった10月に、大掃除をする習慣になりました。

子どもたちには、小さい頃から参加してもらっているので、私一人で孤独にがんばる必要もありません。

「働かざる者、食うべからず」をスローガンに掲げて、ご褒美のランチやお菓子もチラつかせながら(笑)、「みんなでやるのが当たり前」のスタイルを築いてきました。

「いつもお世話になっているお家に、ありがとうの気持ちを込めてやろうね」と声をかけながら、「家族の季節イベント」としてやっています。


エアコンがキレイになり、カーテンが真っ白に光り、床と窓がピカピカに輝き、春の清々しい風が家の中に入ってくると、「あー、この季節に大掃除して良かった！」と幸せになるのです。

このルーティーンは、忙しいママたちに好評で、私が運営している無料のオンライン時間活用コミュニティ【PLUS TIME】でも、5月と10月は「みんなで一緒に掃除しちゃおう!」と動いて、スッキリ快感を味わっています。

油が落ちやすいから、早く掃除できる。もちろん時短になっていますが、それよりも「気分良く動ける効果」が大きいんですよね。

家事って、残念ながら、生きている限りゼロにはできない。

けれど、こうやって「自分のやる気と上手く付き合う」ことができれば、ストレスをグッと減らして、むしろ喜びや幸せに変えることもできるんだな〜と感じています。

「面倒だな」と感じる心の声を素直にキャッチして、原因となるムダを消し続けることが、「時短の魔法」なのです。

10年後、20年後、年を重ねて、きっと今よりさらに動きたくなくなっているズボラな私は、今よりもっと快適に生きられているだろうなと想像して、ワクワクします。

第５章

「時短の魔法」で
あなたが主役の人生へ

叶えたい未来をワクワク描こう！

時短できたら、叶えたいことは？

ここで、きっとあなたが知りたいであろう「時短の魔法の成功率を爆上げする方法」を伝授します。

それは「時短できたら、何をしたいか？」を明確にすることです。

しかも、カラダが動き出しちゃうレベルでワクワクするほど、ハッキリとイメージすると、とんでもないスピードで叶いやすくなります。

その理由は、「真のゴール」がはっきり見えると、途中の道がとても楽に感じるから。

例えば「今から5時間、ずっと歩き続けてください」と言われたら、「そんな疲れることイヤだよ！」とモチベーションが上がらないですよね。

でも、もしそれが、大好きな彼氏とのディズニーランドでの初デートだったら、どうでしょうか？

大好きな彼と一緒にいられる！

次はアレに乗りたいね！

並ぶ時間さえ、幸せ〜！

そう！「真のゴール」がこんなにワクワクするものだから、5時間でも、10時間でも、立ちっぱなし、歩きっぱなしでも、喜んで動けてしまうわけなんですよね。

これは、時短の魔法に限らず、どんな理想を叶えたい時にも、当てはまります。


ですので、時短サポートの一番はじめに、必ずワークを入れています。

「時短できたら、どんな暮らしを叶えたいですか？」


これを、たった1つではなく、何個も書いてもらいます。

たくさん、具体的に、目の前に想像できるほどワクワクしながら書けた人は、達成するスピードも速く、達成レベルも高いのです。

もう叶ったつもりになって、書く。コーチング的にもとても有効な方法です。

あなたが主役の人生ワーク

それでは今から、あなたが主役の人生を送れるワークを一緒にやってみましょう！

ぜひ、白紙を用意して、たっぷり書いてみてくださいね。

制限は設けずに、とにかくワクワクする気持ちを込めて、楽しみながら書くのが、成功の秘訣ですよ。

質問① あなたは魔法使いになりました。願ったことは、何でも叶います。時間も、お金も、健康も何の制約もありません。その、魔法をかけた理想のあなたは、どんな状態ですか？

答え① 『　　　　』

質問② なぜ、①のようになりたいのですか？

答え②『　』

質問③　①で答えた通りの姿が「時短の魔法」をかけたことで3年後に本当に叶いました！おめでとうございます。何が成功の要因だったと思いますか？

答え③『　』

質問④　質問③の中で、さっそく今日からできることは何ですか？

答え④『　』

ぜひ④で答えたことから、「時短の魔法」をかけ始めてみてくださいね。
あなたがワクワクする理想の人生が、叶いますように！

キャパがない自分を認める勇気

時間に追われていた頃の私に、最も足りなかったことがコレでした。

『キャパがない自分を、認める勇気』

私の母は、昭和の専業主婦の鏡のような、働き者。
私も結婚して母になったら、こうなるんだろうなーと思っていましたが、ムリでした（笑）
別の人間なのだから当たり前なのですが、それに気づけなかったんですね。

あなたも
「ママ友の〇〇さんは、いつもお家をキレイにしてるから、同じようにがんばらなくちゃ！」

「インスタのピカピカの映えるキッチン！美味しそうなお料理！私も、もっともっとがんばらないと」など誰かと比べて
「まだできるハズ」、
「もっともっと頑張らなくちゃ」
などそんな思い、心の中にありませんか？

向上心があるのはとても素敵なことですが、「本当に同じようにできる？」と、自分にじっくり聞いてみるのは、一生ラクに続けられるレベルで時短をするために、欠かせないと痛感しました。

元々、私にはキャパがないんだ！同じようにはできないんだ！
これを本気で受け入れた時、私は強くなれました。

母と同じように、マメに動けない。動きたくもない。
それなら、根本的に、やり方を変えるしかない！

自分のキャパを、過信せず、正確に評価する。
どのくらいムダを消さないと、自分はラクに動けないのか？

やっと自覚できるようになりました。

あなたも、背伸びしないでください。自分のキャパを自分で知ることが、「時短の魔法」を上手にかけるために、とても大切です。

ここで質問です。

質問⑤「あなたは、本当は、今の何割のパワーで生きたいですか？」

答え⑤『　　割　』

その答えが、等身大のあなたのキャパなのです。

ズボラな方が時短できる？ズボラを愛そう！

先ほどの質問の答え、あなたは何割でしたか？

2割とか5割とか半分以下だったりして、自分のズボラさに落ち込んでいませんか？

安心してくださいね。実は逆なのです。

例えば、今、「5割の時間とパワーで生きる！」と決めちゃう。

はじめに、使える資源（時間・パワー・思考・体力・心）が決まっている。

だから、「どうしたら効率的に動けるかな？」と工夫したり、「コレ、ない方がいいな」など、たくさんの「ムダ」に気づけるのです。

「今の5割しか動きたくないー！」と感じたなら、ぜひあなたの本音、大切にしてあげてくださいね。

5割のパワーで家事をやるのは、サボっているわけではありませんよ。罪悪感は必要ありません。

あなたが「自分に合った、賢いやり方に進化している！」という素晴らしい証なのです。

ちなみに私は、「7割に減らしたい」と浮かびました。

昔の半分以下のパワーで生きられるようになりましたが、まだまだ減らせる余地がありますね。

「時短の魔法」は、一生かけて軽く動きやすいカラダにメンテナンスしていくのによく似ています。

自分をよく観察して、本音やその時の状況に合わせて、やり方を変えていく。

私もこれからもずっと続けていきます。

あなたの中に、最高の人生の答えがある！

時短とは、自分にとっての「ちょうどいい」を、見つける旅。

自分のお気に入りの食べ物と飲み物、最小限の装備をリュックにコンパクトに詰め込んで、軽やかに山登りをすることと似ています。

不安だから、私は体力があるからといって、リュックを3個も5個も持っても、山登りは苦しいだけですし、途中リタイヤしかねません。

あれこれリュックに詰め込むのではなく、ムダな重荷を捨てましょう。

「他の人が何を持っているか？」ではなく、あなたが山の上で食べたいものを持っていきましょう。

安いチョコをたくさん詰め込むより、頂上で本当にご褒美に食べたい、お気に入りのチョコを厳選すれば満足度も上がりますね。

あなたの人生に必要なものを、本当はあなた自身が知っているはずです。

過剰なモノ・情報は、それを教えてくれないだけでなく、自分のホンネさえ見えなくして、あなたを苦しめます。

でも、あなたはもう既に「時短の魔法」を上手くかけられるようになっています。あなたを苦しめていた「3つのムダ」も、時短の魔法で消すことができるのです。

①「ムダなモノ」を時短の魔法で消せる

あなたが本当に必要なモノだけを選びとり、それ以外は手放すということです。もう、あなたは「探す」「迷う」ことから解放されてラクになれます。

②「ムダな行動」を時短の魔法で消せる

これまで毎日同じような作業を繰り返していた習慣を見直し、1週間単位で効率的に動くということです。

1回やれば済むことを、もう3回も4回もやる必要がなくなるので、動きがスッキリします。

③「ムダな思考」を時短の魔法で消せる

あなたの頭のワーキングメモリを節約できるということです。

いちいち、頭の中で「次は何すればいいんだっけ?」と考えるのではなく、見える化・仕組み化することで、頭を解放してあげられます。

「時短の魔法」を上手くかけられれば、時間はいくらでも生み出せます。

「時間がナイ」と諦めるのは、もったいないのです。

モノ・行動・思考のムダを消すだけで確実に身軽になれます。

もう、たくさんのムダな贅肉を抱え込む必要はありません。
あなたの中に、最高の人生の答えがあるのです。

自信を持って、「時短の魔法」をかけてみてくださいね。
あなたも必ず、空も飛べるほど身軽になれますよ！

■参考　総務省統計局（２０２１年）（食事作り・買物にかかる時間／働く女性の１日の平均家事時間）

■参考文献　『エッセンシャル思考』グレッグ・マキューン著／高橋璃子訳（かんき出版）、『なぜかお金を引き寄せる女性　３９のルール』ワタナベ薫著（大和出版）、『完訳　７つの習慣　人格主義の回復』スティーブン・R・コヴィー著（キングベアー出版）

あとがき

「私、ズボラで良かった！」

今、心からそう思えるようになりました。

もし、私がとてもマメで働き者だったなら、きっとこんなに「面倒くさい」に真正面から立ち向かうことはなかったと思うのです。

時間に追われて不満でも、疲れても、ただそれを受け容れて、日々をこなして、耐える。

その繰り返しで、30代、40代、50代、と年を重ねていたに違いありません。

けれど、私は

「ズボラだって、このままの私だって、豊かな人生を歩む資格があるはずだ！」と思いました。

「自分にムチ打ってがんばり続けることも、やりたいことを諦める人生も、どちらも絶対にイヤだ！」

今思えば、この覚悟をした日から、私の「時短の魔法」はスタートしたのでしょう。

そこから、時間はかかってしまいましたが、10年かけて試行錯誤した時短のコツが、私のムダな贅肉を、かなりそぎ落としてくれました。

さらに、時短アドバイザーとして人様にお伝えする立場になったことで、自分を磨くきっかけをいただいたり、お客様たちのたくさんの成功・失敗事例にリアルに触れる中で、体系立って、「時短」と「3つのムダ」の因果関係を掴み、時短の魔法の驚くべき効果を知ることができました。

苦しかった暗黒のワーママ時代から10年以上経ちましたが、やっと、しなやかなカラダで、自分の人生に立っている感覚になれました。

自由に宙を舞う魔法使いのように、心もカラダも軽やかに、毎日を生きています。

人生って、時間って、頭って、こんなにも軽いものだったのか！
毎日が、ラクだ！楽しい！

すべての時間が、生きている。

かつて、時間に追われて必死だった頃は、時間が死んでいたようでした。
あなたの限りある人生。
かけがえのない、大切な1秒1秒が、生きた時間に感じられますように。

ママだからって諦めないで。
ママだからこそ、叶えたいことは全部叶えましょう。
あなたの想い、愛情は、あなたの中から溢れてくる、かけがえのない尊いものです。

大丈夫。あなたがやりたいことは、すべて叶えられますよ！
「時短の魔法」が、あなたの時間のムダをすべて消し去って、幸せをたくさんキヤッチできる、ゆとりを運んでくれますように。
あなたにとっての最高の人生を、心から応援しています。

最後になりましたが、出版のきっかけをいただいた、コーチングの師匠ワタナベ薫さん、マーキュリー出版社長の丸井章夫さん、ご縁を繋いてくださったかさこさん。本当にありがとうございました。

「時短の考え方が根本的に変わる本を3年以内に出す」と決めてから、たった2週間で出版採用していただけたミラクルは、皆さまのおかげです。心より感謝申し上げます。

あらためて、この本を手にとっていただき、最後までお読みいただき、本当にありがとうございました。

出逢いに感謝いたします。

時短アドバイザーともみん こと 佐藤智実

マーキュリー出版の好評既刊

「ステイホーム」の時代、在宅で仕事を行う方、残業が少なく、家にいる時間が長くなった 2021 年、ステイホームを「開運」につなげてみましょうという本を出版いたしました。
住んでいる部屋をパワースポットに変える天才、SNS でも話題の福岡県在住の陶芸作家、写真家の神木優里さんの記念すべき最初の本です。住まいをほんの少し変えるだけで幸せになれるコツを具体策満載でお伝えする女性受けする一冊です！

【著者紹介】 佐藤智実

時短アドバイザー。料理上手な母のおかげで、家族が集う食卓が大好きな女の子に育つ。大学は食物学科を卒業後、大手食品メーカーに12年勤務。「暗黒のワーママ時代」は息もできないほど時間に追われる。「ラクしておいしい」を叶えるため、10年以上の試行錯誤の経験から、レシピだけでは解決できない、本質的なオリジナル時短メソッドを生み出す。初心者向け料理教室の講師を経て、時短アドバイザーとして活動。自身と同じように仕事・家事・育児の両立に悩むママの救世主として活躍中。小中学生の娘２人と夫の４人家族。

「15分で夕飯完成」のオンラインサポートは常に満席。受講生は全国のワーママ・育休ママを中心に延べ2000名超。家族が喜ぶ夕飯を、これまでの半分〜1/6の時間で作れるなど時短効果とおいしさに定評があり、リピーターやファンも多い。

2021年、ママの暮らしの時間活用コミュニティ【PLUS TIME】を発足させ主宰。現在400名超が参加。上場企業や自治体で「時短セミナー」を開催し、ワークライフバランスの向上に貢献。2024年、「時短サポート養成講座」を開講。オリジナルの時短メソッドを日本中に広めるため時短アドバイザーの輩出に取り組んでいる。

電子書籍「幸せなワーママになる本」「時間が生まれるキッチンツール」を出版。

すまーときっちんHP　https://smart-kitchen.jp/

佐藤智実Instagram　https://www.instagram.com/tomomi_mind

一生ゆとりが生まれる時短の魔法　家事時間が1/3になる

2024年 9月13日　第１刷発行

著者　佐藤智実

発行　マーキュリー出版
〒453-0016　名古屋市中村区竹橋町28－5　シーズンコート名駅西603
TEL　052-715-8520　FAX　052-308-3250
https://mercurybooks.jp/

印刷　モリモト印刷

落丁・乱丁本はお取り替えいたします

ISBN　978-4-9913254-4-1